「親業」ケースブック
幼児 園児編

子どもの心を開く
聞き方と話し方

親業訓練協会理事長
近藤千恵
監修

大和書房

まえがき

新しい生命が家族の中に誕生し、社会に巣立つまでの期間に、親も子もさまざまな経験を重ねていきます。

特に、0歳児から小学校に上がるまでの期間は、夢中で子育てに没頭するときでもあり、この時期こそ、親子関係の基礎が育《はぐ》くまれるときでもあります。

おむつを取り替え、離乳食を準備し、トイレの訓練をし、洋服の着方を教え、幼稚園や保育園の準備をし……と、子どもの日常生活の一つひとつに親の手が求められます。そして、このような密接な親と子の交流が、実は親と子のいさかいを生んでいく元となることも多いのです。

「ダメっ！」

「そんなことしちゃいけないの！」

「早く！」

「ちゃんとしなさい！」

こんなことばを、親はいったい、いままでに何度、口にしてきたことでしょう。

かわいいわが子を育てていながら、つい扱いが乱暴になってみたり、いうことをきかないからと、つい大きな声でどなったりしたあとで、これではいけないと反省はしてみるものの、また、「つい」同じことを繰り返してしまうのが、親と子の関係のようです。

この『「親業《おやぎょう》」ケースブック』には、そんな、あなたに似た親の姿が、たくさんおさめられています。

親業とは、アメリカの臨床心理学者のトマス・ゴードン博士がはじめられた、親教育のプログラムをさします。日本では、一九七七年にゴードン博士の著者『PET』(Parent Effectiveness Training)が、『親業』と題されて紹介されたことをきっかけとして、一九八〇年に親業訓練協会が設立され、現在に至っています。幸いなことに、この親業の活動は、たくさんの親の方々に共感をもって迎えられ、いまは北海道から沖縄に至るまで、全国において大きな広がりをみせるようになっています。

親と子が、互いに愛情と理解で結ばれる心のかけ橋づくりを訴えるこの活動では、子どもとの日常のふれあいの中で、親が三つの柱を大切にすれば、親子関係がなめらかになることを実践活動を通して証明してきました。

すなわち、

(1)子どもの話によく耳を傾ける――聞く力

(2)親が自分の後ろ姿を子どもにきちんと見せること——自己表現の力
(3)親子の対立があったら、それを互いが納得できるように解決する——対立解決の力

この三つです。

親であれ、教師であれ、大人は一般に、といってさしつかえないように思うのですが、「子どもがかわいい」がゆえに、子どもの心に耳を傾けるべきときに、自分が語ってしまうことで子どもが話す機会を奪ってしまいがちであり、また、自らをおおいに語って自分という人間を子どもによく見せるべきときに、十分に自分を語らないという、おかしなつきあい方を子どもとしているのが現状です。

そして、これが積み重なると、親も子も互いに相手の姿が見えにくくなり、断絶といった状態にまで至ってしまうことも少なくありません。

一週間に一回、三時間ずつ、八週間にわたって行なわれる親業の勉強会は、二四時間で終了するのですが、この短い時間内に、親の方々は、「適切なときに聞き、語り、対立を解決する」ことについて、本当にたくさんのことを吸収して帰られます。

そして、なによりも、学んだことを家庭で実践していかれるエネルギーが、親と子の心のかけ橋を強力なものにしていきます。家庭の中が明るくなり、子どもに判断力や自主性

が育っていく基盤が、親の努力で整っていくのです。

本書は、「子どものホンネを知り、親としてホンネで子どもに自分の裸の姿を見せながら、真剣に子育てにたずさわろう」と呼びかける私たちの活動の中から生まれた、実際の親子の事例を集め、それをわかりやすくアレンジしてご紹介したものです。

本書でご紹介した方々（仮名）の背後には、その一つの例に至るまでに、親子の間の心のかけ橋づくりの上で、その親と子の間にいろいろな失敗や成功の体験があり、そしてまた、一組の親と子の事例の背後に、何万人という全国の親の方々の実践の積み重ねがかくれているのです。

そんな親の思いと体験がつまったこの事例集を、みなさんにお届けできるのは、本当にうれしい限りです。

親業訓練講座の参加者は、ごく普通のご家庭の方々です。年齢も一〇代から七〇代に至るまでさまざまで、そんな幅の広い方々の実践を、子どもの年齢別のケースにまとめたのが、本書です。

本書は「幼児 園児編」ですが、「小学生編」は昨年十二月に刊行、「中高生編」は今年五月に出版される予定です。

また、現在では、親業の活動は親子関係のみに限らず、教師と生徒の間の心の絆《きずな》づくりをめざす《教師学講座》や、自分の生き方を考える《自己実現のための人間関係講座》そして、介護や看護で病をもつ人との接し方を学ぶ《看護ふれあい学講座》などに広がりを示してきています。こうした側面でもまた、お役に立つことがあるかもしれません。

私たちは、こうした実践を積み重ねる活動を今後も着実にすすめてまいります。案外、あなたの近くに、親業の活動を知っている方、実践している方が、いらっしゃるかもしれません。そんな方々とのつながりが生まれるきっかけが本書であれば、私どもの思いも、またむくわれる気がいたします。

本書の事例は当協会のインストラクターの中から編集委員をつとめてくださった方々が選んで下さいました。出版にあたっては大和書房の矢島祥子編集長に心よりの感謝を捧げます。

最後になりましたが、これらすべては、親業をより多くの方々に知っていただきたいと熱意と努力を重ねておられる全国の親業訓練インストラクターのみなさんのご活動と、それを応援してくださる方々のお力があればこそ、可能になったのです。ここにあらためて心からの敬意を捧げます。

二〇〇〇年一月二七日

親業訓練協会理事長　近藤千恵

＊本書に掲載している事例の会話は、親業訓練の主要な柱である**「能動的な聞き方」**（子どもの出しているサインを読みとり子どもの心を聞く。自分で問題を解決できるように手助けをする。子どもの気持ちに耳を傾けること）、**「わたしメッセージ」**（親の気持ちや意見を素直に子どもに伝える）、**「勝負なし法」**（親子の気持ちが対立したときに、一緒に問題に取り組み、よい解決法を見出す）で展開しています。
くわしくは巻末の「親業訓練ミニ講座」を参照してください。

もくじ

まえがき　近藤千恵　3

第1章
遊び・ふれあい・友だち　19

よその子ばっかりほめちゃヤダ！　大の仲よしなのに遊びたくないという息子の気持ちを聞いて、納得するやら反省するやら　20

遊びのさそいも断われないとは　友だちに自分の意志を伝えられない気弱な息子。でも、理解してやると安心したようです　22

加奈はどろぼうじゃないよ！　友だちのクツをだまってはいて、どろぼう呼ばわりされたなんて、私もショックでしたが　24

みんなボクを嫌いなのかな　公園へいってしまった友だちの行動を誤解したけど私と話をするうちに笑顔が戻りました　26

友だちと遊ばなくなった娘のホンネ　幼稚園ではよく遊ぶのに、家へ帰るとこもりっきり。二カ月間も心配したけどもう安心？　30

バイクにおしっこかければ動くよ!?　小さい子どもどうしの罪のない行動だけど、頭ごなしに怒ったりしないで本当によかった　34
友だち選びを子どもに任せたら　命令ばかりするから一緒に遊びたくないといいながら、やっぱり遊ぶ娘。口を出したいが　37
友だちのこといっぱい聞いてね　ベッドに入って、私のオッパイに触れながらの息子の話。気持ちがよくわかって感激です　39
私、おりこうじゃないもん!　「オモチャ貸して」「絶対貸さない!」ともめる娘。他人の前でも焦らず、上手に対応できた　41

第2章 幼稚園・保育園の中で

43
ほかの保育園にいきたい　イジメではないかとドキッとしたけどホッ!　年長さんになる不安がいわせたことばでした　44
幼稚園にガイコツいるからこわい　「元気よくいこう!」なんて、はっぱかけてもダメ。子どもの話をよく聞くのがいいですね　46
お弁当の不満をいう子じゃないのに　早く食べる競争をしているからサンドイッチのほうがいい、というので作ってみたら……　50
後ろの子が髪のリボンさわるからイヤ　娘の話をさえぎらず、よく聞いていているだけで自ら解決法を見つけてくれました。うれしい　53

ママがいないとさびしいな　引っ越したばかりで新しい環境になれない娘が泣いて訴えたが、私も同じよというと……　55
えっ、金魚になりたい!?　娘のことばに戸惑いましたが、なわとびが下手、イジメられると本当の悩みが聞けました　59
風疹なのに幼稚園へいきたがる　年一度の父親参観日が運悪く重なって……でもいきたい気持ちをわかってあげると素直に　61
クラス一小さいけどがんばるよ　クツをなめたり、女の子のパンツを見たりする子をやっつけたいという娘に感心しました　63
運動会で何が一番楽しい?　積み木で遊べないから運動会の練習はいや。でも興味を持たせる話し方で本番が楽しみと　65
今日は保育園にいきたくない　「おなかが痛い、起きたくない」とぐずっていたのに「ごはん食べていくよ」に変わりました　69
長女が幼稚園で泣いたのはなぜ　もうすぐ小学生。それで友だちや先生と別れるのが悲しく、感傷的になっていたようです　71

第3章 きょうだいゲンカはなぜ?

73
おねえちゃんがアメくれない　自分のガムは食べてしまって、姉のアメを欲しがる妹。泣かせずにすむ対応を知りました　74

ボクがいたら、じゃまなんだって
父と兄がやっているなわとびに入れてもらえない弟。さびしい心を受けとめたら……
76

いきなりバットで弟をなぐる
いつもがまんしている不満が爆発。プライドを傷つけないよう姉弟平等を心がけなくちゃ
78

じゃまされても妹はかわいい？
「ボクが大人になってから生まれればいい」につい おかしな返事をしたけど、結果はグーでした
82

姉の雑誌の付録を破いてしまう
作れなくても作りたい、欲しい気持ち、二人のいい分を上手に聞けて、イライラ解消です
86

ボクもいっぱい抱っこしてよ！
兄妹ゲンカをすると、つい兄ばかり怒ってしまうが、ホンネを聞く余裕が持ててよかった
88

「妹か弟が欲しい」といわれても……
ひとりっ子のさびしさから、かわいがるものを欲しがる娘。犬か猫でもといってたけれど
92

オモチャ全部取るんだよ
大きくなった弟ともめてばかり。でもいまのほうが遊べて楽しい、とホンネが聞けました
94

おかあさんの隣りに寝たい
寝るしたくがいつも遅い娘と話をしてみたら「ユウレイがでるからこわい」と意外なことば
98

母が叱り父がおさめる兄弟ゲンカ
クレヨンの取り合いをはじめたが、兄の肩に手をおいて静かに話すと素直に納得しました
102

妹のコンビラックに乗りたがる
2歳の長女に、おねえちゃん扱いばかりではかわいそう。スキンシップで心の交流を……
104

第4章 ケジメをつけてほしいとき

ケジメをつけてほしいとき 107

「早くしなさい」というのをやめた
グズで困った子と思っていたけど、子どもに任せたら、なんでも自分でするようになった 108

おふとんにおしっこしちゃったよ
一番悲しいのは娘なんだからと、気持ちをわかると、次からは失敗しなくなりました 110

高い所にある園服に手が届かない
自分のことは自分でするようになった娘とゆっくり話をしてみて、親のいたらなさを痛感 112

オモチャなんか嫌い！ と、けとばす
「ママかたづけといて」が「一緒にかたづけて」に変わった。私の聞き方がよかったのかしら 115

夕食前に「なんか食べたい」と
いい方を少し変えて、落ち着いて話をすると「がまんするから早く夕食作って」と娘も納得 117

夜あばれると近所迷惑よ
あり余るエネルギーを家の中で発散させる子どもたち。命令しないでやめさせられました 119

白いごはんじゃ食べたくない！

祖父母に遠慮せず、娘の気持ちを聞いてよかった。食が細いと思っていたのに本当は…… 121

帽子かぶったまま髪洗うの？

なかなか髪を洗わない長女にうんざりしていました。でもせきたてるのをやめると素直に 125

テレビ見る回数、守れるかな　兄、姉、弟それに私とみんなで決めたルールです。お互いに納得できてほんとによかった　127

第5章 親の都合と子どもの心　131

一緒にいこうって約束したのに！　父親においていかれて怒る息子。くやしい気持ちを全部吐き出させるため、私は聞き役に　132
大声でダダをこねて動かない　友人とその子の困った様子を見て、私なりに子どもの気持ちに耳を傾けたらうまくいった　136
勝手にチャンネルを変えないで　悪気はなかったのだが、うっかり子どもの気持ちを無視してしまった。どうしたらいい？　140
子どもの気持ちがわからない　不機嫌な理由はなんなの？　よく耳を傾けているはずだけど……。とにかくがんばります　142
なにも悪いことしてないのに　事実をたしかめず勝手に娘が悪いと決めつけた私に泣いて抗議。心の中でごめんねという　145
おかあさんも「待って」というよ　私自身、気づかなかった私のことばに、子どもが何を感じていたか、思い知らされました　149
私にも絵本いっぱい読んでよ　兄のために読みすぎて、妹には時間がなくなってしまう。怒る娘にいい方を変えてみたら　151

ボクのまんじゅうどこにあるの？ もう食べないと思って親が食べてしまうのはよくあること。あやまるしかありませんよね 153
ママと一緒に手をつなぎたい いつまでも甘えん坊で困ると思い、わけを聞いてみたら、理由がありました。新発見です 156
おかあさん早く帰ってきて 《親業訓練講座》へ出かけた私あての手紙が玄関に。どうすれば娘のさびしい心を救えるか 158
大好きなオモチャを忘れて帰る ないよぉー、欲しいよぉーと泣いていたのにがまんすると聞き分けたうえに、あくる日は 162
気持ちが通じ合うってステキ 生後10カ月の息子は自分の気持ちを体で表現できます。でも私のいい方が悪いとダメです 164

第6章
つい休みたがる習いごと 167

「プール絶対いかない」と泣きわめく スイミングは嫌いじゃないと思っていたので落ち着いて話を聞くと、友だちが原因でした 168
体操教室で痛いことするんだよ いままでは「いやだからいや！」といっていたのに、私がいい方を変えると会話もはずんで 170
「ピアノ本当は嫌い」に大ショック 幼い子どもは正直です。親が先生だから、ときびしくしていた私に反発していたんですね 172

正座ができないから休みたかった
書道塾へきてぐずるのでわけを聞いたらひざをけがしたとか。でも自分で解決もしました 178

バイオリンは好きだけど……

けいこをいやがるのは私が怒るからでした。「でも注意はしてほしい」だなんてむずかしい 182

一番目にひくから心配だなぁ
発表会前に「下手だからダメだよ」といわれ自信をなくす。不安な気持ちをわかってやると 184

足をひっぱられるからこわいの
バレエを休みたがる娘。やさしく抱いてやると不満も消えて、練習がんばるといいました 186

第7章 知って意外な子どもの世界 189

おててて動かないけど口は動くよ
ママにごはんを食べさせてもらってご機嫌の長男。今日だけよという親にもうれしい体験 190

「遅くまで起きていたい」わけ
大人はずるいよといいながら、実はいつまでも親と一緒にいるのが楽しかったなんて…… 192

トイレのウンチ流さないので困る
水を流すと自分も流れるようでこわいといわれてビックリ。でも解決法も聞けてよかった 194

手を使うとめんどうくさいね
自分のために歯ブラシ・セット、私のために野菜きざみ・セットを作るという息子。感激！ 196

私もお手伝いしたかったのに
おとうさんがふとんを全部たたんだと泣く。自分でできることは、やりたい年ごろみたい 199
サラダの味がいつもと違うよ
つい忙しくて、市販品を食べさせたら見破られた。息子の意見はもっとも。はずかしかった 201
「死にたい」なんてどうして?
幼児のことばとは思えず驚いたけど、よく話を聞くと子どもらしい考えとわかり安心した 205
もう食べなくていいでしょ
昼間の疲れで夕食も食べられないほど眠たい娘に、以前だったら無理やり食べさせたけど 209
他人の前でつい叱ってしまった
どうして泣いているのか、やっと気づきました。3歳の子どもにも自尊心があったのです 211

第8章
親業訓練ミニ講座

215
1 親離れ・子離れのために 216
2 子どもの気持ちに耳を傾ける――能動的な聞き方 219
3 親がホンネで語りかける――わたしメッセージ 223

第1章
遊び・ふれあい・友だち

よその子ばっかりほめちゃヤダ！

大の仲よしなのに遊びたくないという息子の気持ちを聞いて、納得するやら反省するやら

吉田 静子（兵庫県・主婦・33歳）

長男の慶太（5歳）は、同い年の悟クンと大の仲よし。その悟クンのおかあさまから「用事があるので、悟をあずかってくれないかしら」と、電話がありました。私はよろこんで、引き受けると返事をしました。ところが……。

私「慶ちゃん、今日、悟クンが遊びにくるからね」

慶太「ダメ！ 悟クンとは遊ばない！」

私「あら、どうして？ 困ったわ。悟クンのおかあさん、出かけるから、悟クンに『遊びにおいで』って、電話したのよ。いつも慶ちゃんだって、遊ばせてもらうじゃない。悟クン、嫌いなの？」

慶太「ううん。好きだけど、遊びたくない」

私「好きだけど、遊びたくないのね」

慶太「うん。だって、いつもおかあさん、悟クンばっかりほめて、ボクにはほめてくれないんだもん。だから、悟クンとは遊ばない！」

泣きながら、慶太はいいました。

私は胸をつかれました。社交辞礼だったのに……。でも慶太は、そんな私のことばに、心を痛めていたのだとわかりました。おもわず、私は慶太を抱きしめてしまいました。

「ああ……そうだったの。おかあさん、気がつかなかったわ。ごめんね！　おかあさんは、悟クンはよその人だから、おかあさんなりに気をつかって、やさしくしたり、ほめたりしてあげてたのよ。でもそのとき、慶ちゃんも一緒に、ほめてもらいたかったのね。おかあさん、慶ちゃんの気持ちがわからないでいて、悪かったわ。本当にごめんね。これから、気をつけるわね」

どんな親だって、自分の子どもが一番かわいい——そんなこと、当然です。子どもも、わかっているはずだと、私は思いこんでいました。でも、そんな思いは、黙っていては伝わらないと、思い知らされました。

一番仲よしの悟クンと遊びたくない、といったときの慶太の気持ちを考えると、何か、とても泣きたくなる思いがします。

遊びのさそいも断われないとは

友だちに自分の意志を伝えられない気弱な息子。でも、理解してやると安心したようです

折原　良枝（栃木県・共働き主婦・29歳）

幼稚園から帰った広志（4歳）が、おやつを食べていました。そこへ、友だちの進クン（4歳）が、遊びにさそいにきました。玄関で、二人はしばらく、何かやりとりしていました。それから広志は、私のところへきて、いいました。

「ママ……。進クン、断わってくれないかな？　ボク、遊びたくないんだ。ねえ、断わってよ。お願い！」

総領《そうりょう》の甚六《じんろく》、というのでしょうか？　広志は気弱な子で、こんなことはこれまでにもありました。友だちを相手に、自分の意志をはっきりいえないのです。情けなくて、こっちがイライラ。これまでなら、子どものためによくないと知っていても、あとのめんどうを考えてつい私が出てしまったことが、たびたびでした。でも今回は、

私「進クンと、一緒に遊びたくないみたいね」

広志「うん。ママ、早く帰ってもらってよ」
いかにも広志は、いやな様子です。
私「そうね。でもママの友だちじゃないから、ママが断わるわけに、いかないわ」
広志「じゃ、ママの友だちだったら、どうする？」
私「ママの友だちだったら、ママが自分でいいにいくわよ」
広志「じゃ、パパの友だちだったら？」
私「パパの友だちだったら、パパがいうでしょうね」
広志「じゃ、ボクの友だちには、ボクがいうの？」
私「そうね」

すると広志は、玄関へ走っていって、進クンに自分の気持ちを話し、帰ってもらったんです。あらっ、と驚きました。こんなこと、はじめてです。
もしも私が、広志の〝代弁〟を続けたら、息子の気弱と甘えは、直らなかったでしょう。また、「自分のことは自分で」と突き放していたら、自分の気持ちをまとめようがなく、悩み続けたでしょう。私が広志を理解したことを知り、広志は安心して、それが自信につながったんだと思います。以来、広志は〝変身〟しました。

加奈はどろぼうじゃないよ！

友だちのクツをだまってはいて、どろぼう呼ばわりされたなんて、私もショックでしたが

佐野　安代（静岡県・主婦・31歳）

加奈（5歳）が、遊びから帰ってくるなり、「おかあさん」と、私にすりよってきました。私が「なあに」と、答えると――。

加奈「ミエちゃんのママに、叱られちゃった」（小さな声です）

私「そう。どうしてかな」

加奈「ミエちゃんが、『玄関で待っていてね』といったの」

私「そう。それで加奈は、玄関で待っていたのね」

加奈「うん。そしたら、ミエちゃんの、ピンクのお花のついたクツがあってね。そしてね、加奈ね、はいてみたくなっちゃったの」

私「加奈は、ピンク好きだものね」

加奈「うん。そうしたら、ミエちゃんと、ミエちゃんのママに、叱られちゃった。加奈

はどろぼうだって」

私「そう。どろぼうといわれて、びっくりしちゃったのね。加奈は、どろぼうじゃないもんね」

加奈「うん。加奈は、どろぼうじゃないよ。おかあさんが、そばにいたらなあ」

私「おかあさんがそばにいたら、ミエちゃんのママに叱られない、と思ったの？」

加奈「うん、そう。怒られて、いやになっちゃった」

私「そう。怒られて、いやになっちゃったの……」

話を聞きながら、私は思いました。他人のものを借りたければ、「借りる」と断わらなくてはと。それが人間同士の約束だし、そうしていれば、誤解で怒られることもなかった――それを加奈に、わかってほしかったんです。

夫が加奈に、「買物にいこう」といったので、会話は中断しました。夫と娘を送り出してから、あらためて考え、私は思い直しました。

世間の〝約束ごと〟はともかく、加奈自身は、理不尽に怒られたという気持ちだったにちがいない。その気持ちをもっと聞くべきだった。おかあさんはいつでも加奈の味方だということをもっとわからせたい……と。

みんなボクを嫌いなのかな

公園へいってしまった友だちの行動を誤解し たけど私と話をするうちに笑顔が戻りました

前山　千鶴子（東京都・主婦・36歳）

弘道（6歳）は、来月から小学生。ひとりっ子なので、多少は甘えん坊なのかもしれませんが、友だちとよく遊びます。幼稚園へ入るまでは、いつも私に〝ヒッツキムシ〟だったのですが、いまはもうだいじょうぶです。

この日も弘道は、幼稚園から帰ると、すぐ遊びに出かけました。帰ってきたのは、三時間後、なんとなく元気がないようでした。遊び疲れなら、特に気にすることもないんですが……。ちょっとひっかかったので、夕食後、聞いてみました。

私「ひろクンは、今日はどんな日だったのかしら。ママ、知りたいな」

弘道「うん。楽しいこともあったけど、いやなこともあったんだ」

私「そう。いやなこともあったの。幼稚園でなの？」

弘道「ううん。幼稚園じゃないの。幼稚園は、楽しかったんだ」

私「そう。幼稚園は、楽しかったのね」
弘道「うん。そうなの。あのね、幼稚園から帰って、タケちゃんのおうちに、いったでしょ」
私「タケちゃんのおうちで、何かいやなことがあったのね」
弘道「うん。そうなの」
私「タケちゃんのおうちでは、どんな遊びをしたのかしら?」
弘道「いろいろやったよ。ブロックとか、ファミコンとか……。それから、ケイサツごっこもしたよ」
「ケイサツごっこ」になると、弘道の声が急に、小さくなりました。なるほど……。
私「ケイサツごっこのとき、何かいやなことがあったのかしら」
弘道「うん。そうなの。ボクが『ケイサツごっこしよう』って、みんな（友だち四人）にいったの。そしたら、みんなも『やろう、やろう』といってね。ピストルとか、手錠とか、いろいろ用意してね。ボクとタケちゃんと、カズクンとダイクンが警官で、健クンが犯人だったの。とっても、おもしろかったんだよ。四人で協力して、犯人をつかまえたんだ。だけど……」
私「そう。犯人をつかまえたのね」

弘道「うん。つかまえたんだけどね。そしたら健クンが、急に『みんな、公園へいこうよ』って、いったの。そしたらみんな、『公園へいこう』って、いっちゃったの」
私「ひろクンは、公園にいくよりケイサツごっこしていたかったのね」
弘道「そうなの。だから、公園にはいかなかったの」
私「そう。ひとりぼっちに、なったのね」
弘道「ママ、みんなボクのこと、嫌いなのかな?」
私「みんなが、ひろクンのことが嫌いで、公園にいったのかと、気にしてるのね?」
弘道「うん。そうなんだ」
私「ひろクンは、公園には、いったの?」
弘道「少し遅れていったの。そしたらみんな、『早くこいよォ』といったの」
私「みんなが、待っていてくれたのね?」
弘道「そうなの。待っていてくれたの……。あっ、ママッ! みんなボクのこと、好きなんだよね。だから、待っていてくれたんだね!」
急に気がついた様子で、弘道がいいました。そうよ、そのとおりよ……。
私「そうね。ひろクンのこと、みんな、好きなのよね」
弘道「うん。ボク、かん違いしていた。みんな、ケイサツごっこより公園にいきたかったんだね。ボクのこと嫌いで、公園にいったのかと思ったんだ……」

大人から見れば、なんだバカバカしい、とんでもない誤解、早トチリだ――としか、思えないことです。自分が何か、友だちの気にくわないことを、したわけでもないのですから、急に嫌われることなど、ありえないだろうにとも思えます。

でも、そんな〝大人の理屈〟を私が押しつけたら、はたして弘道が納得したか疑問です。あるいは、「ママはちっとも、ボクの気持ちをわかってくれない」と、ますます暗い気持ちに、なったかもしれません。

このくらいの子どもにとって、友だちに好かれているかどうかが、こんなに大問題だったのかと、あらためて感じました。そして、そのことを私が知ることができたのを、うれしく思いました。

ママだけは、あなたの味方。さあ、どんどんあなたの気持ちを、話してね。

私が聞き役に徹すると、弘道は元気を取り戻して、歌い出したほどです。子どもの心に近づく道が、見えてきたように思えます。

友だちと遊ばなくなった娘のホンネ

幼稚園ではよく遊ぶのに、家へ帰るとこもりっきり。二カ月間も心配したけどもう安心?

藤岡 沙江子(大阪府・主婦・29歳)

友だちと遊びたがらない子って、ちょっとおかしい、と思いますでしょう? 実は、うちの娘・知沙(4歳)が、そうだったんです。この二カ月、幼稚園から帰ってからは、家にこもりっきりで……私がいくらいっても、誰とも遊びませんでした。

でも、幼稚園ではよく遊ぶと先生もおっしゃいますし、となると、だれかがイジメるとかも考えましたが、それもないようで、本当に困っていました。

やっと先週に、同じクラスの敬子ちゃんと、遊んでいただきましたが、敬子ちゃんの都合でたった二〇分でおしまい。本人はそれは残念がって帰ってきて、それから家にまたこもりっきりになりました。ひとりっ子ですからとてもさびしそうで、親としては切なくなります。

そして、今週になって——。

私「あれっ？　今日は敬子ちゃんと遊ばないの？」

知沙「だって、みんな、お買物にいくとか、習い屋さんにいくとかいって、途中でさよならしてこな、いかんのやもん。家におるほうがええわ」

私「そうか。知沙は友だちと、夕方まで思いっきり遊びたいのやね」

知沙「うん。幼稚園のほうがええよ。いろんな友だちと、いっぱい遊べるもん。家はいややや。私、ホームクラスに入りたいなあ」

ホームクラスというのは、五時まで幼稚園で遊ばせてくれる、システムです。

私「そうやね。ホームクラスなら、五時まで、友だちと遊べるもんね」

ここまでは、私としては、うまく聞けたと思います。こま切れの時間で遊ぶのがいや。思う存分遊びたい。それができないから、家では遊ばない――それが知沙の気持ちだったとわかりました。

気持ちはわかります。でもいまの時代、そんな望みはぜいたくです。現に知沙だって、スイミングに通っていますし――という私の意見を、つい押しつけようとしました。

私「……でもね、ほかの友だちが、お買物にいくとか、習い屋さんにいくとかいって、途中で帰らなくてはいけないのは、残念だとは思うけれど、知沙だって、そうやって断わらなくてはならないときもあるから、わがままいってはダメよ」

あぁ、いけないいな。これはお説教だわ――いってから、後悔しました。そして知沙は答えず、会話はとぎれてしまいました。でも、反省ついでというか、そんな知沙の気持ちもわかるので、「仕方ない。ホームクラスに入れてもいいか」とも思っていました。

ところが、その翌日のことです。幼稚園から帰ってくると、

「私、恵介クンの家に、遊びにいくわ！」

ええっ！　驚きました。あきらめかけていたのに、知沙のほうから「遊びにいくわ」と、いってくれたんです。

「そう。いってらっしゃい！」

うれしくて、私のことばは、はずんでいたと思います。そして知沙はその日、オニごっこやなわとびなど、思いっきり遊んできたのです。そしてそれからは、また元気を取り戻して、自分から友だちの家へ、遊びにいくようになりました。

数日後、知沙と一緒に風呂に入ったとき、私はいいました。

「おかあさんね、いままで知沙がぜんぜん友だちと遊ばなくなったので、心配してたの。

でも、また元気に友だちと遊ぶようになって、とってもうれしいな。もう、うれしくて、最高よ」

そしたら知沙もとてもよろこんで、私に抱きついてきました。「親子ってなんていいものだろう」と、私はそのとき、つくづく感じました。

途中で私が〝お説教〟したときは、会話が中断してしまいました。でも、最後にはうまくいったのは、それまで私が、知沙の気持ちに耳を傾け、聞いたからだ、と自負しております。

「気持ちを聞いてもらえた」と、知沙が感じたから、私の〝お説教〟にもめげず、わりあい安心した気持ちになって、考え直すことができた。最初から〝お説教〟だったら、こうはいかなかったのでは。

この二カ月、外で遊ばない知沙に『親業《おやぎょう》』をためしても、すぐに解決ができたわけではなく、とても不安でした。途中で投げ出さずに続けてよかったと思っております。

バイクにおしっこかければ動くよ⁉

小さい子どもどうしの罪のない行動だけど、頭ごなしに怒ったりしないで本当によかった

羽生　小百合（愛知県・主婦・30歳）

「おかあちゃん！　今日ね、卓ちゃんが、『バイク（子ども用のオモチャ）におしっこ、かけなきゃダメだ』っていったから、バイクにおしっこ、かけたんだよ」

長男の克之《かつゆき》（3歳）が、得意そうな顔でこういったとき、私は思わず「ええっ⁉」と、いいそうになりました。やだわ、そんなきたないこと。それに、いくら子どもだからといっても、人前で堂々とおしっこをするなんてはずかしいし。だれか近所の人に見られでもしたら、なんていわれるかわからないし……。

卓ちゃん（卓也クン）は、すぐ近所の男の子で、克之より二つ年上です。仲よくしてくれるのはいいんですが、ときどき、とんでもないことを、息子に教えこむので困ります。「またか。やだな」と、思わず「ダメよ！」と、叱りつけそうにもなりました。でも私は『親業』を思い出して、気持ちを落ち着かせました。

私「そうなの。バイクにおしっこ、かけたのね」
克之「うん。とっても、おもしろかったよ！」
私「そう……。でもバイクにおしっこかけると汚なくて、おかあちゃんがさわってバイ菌がついたらイヤだなあ」
克之「だって、卓ちゃんがそういったもん」
私「そう、卓ちゃんがそういったからやったんだ」
克之「うーん。（少し考えてから）じゃ、卓ちゃん、ウソいったのかなあ？　おかしいなぁ」
私「卓ちゃんのいったことがおかしいと思うんだ。あのさ、克ちゃんはおしっこ、いつもどこでするの？」
克之「トイレでするよ」
私「そうでしょう？　トイレでするでしょう。じゃあ、バイクにおしっこする、というのはどうかしら？」
克之「うん。おしっこはトイレでするんだから、バイクにしちゃヘンだね。こんど卓ちゃんにも、おしっこはトイレでするんだって、教えてあげようっと」
私「そうね。こんどは卓ちゃんにも、教えてあげようね」

あらら、うまくいったじゃないの――ちょっと不思議でした。克之はいい気分のまま、わかってくれました。

自分は卓ちゃんにウソを教えられたこと。そして、ウソを信じている（と克之が思っている）卓ちゃんに、本当のことを教えてあげる――そんなことまで自分で考え、自分で結論を出したのですから。

「そんなきたないこと、したらダメでしょ!!」

というふうに私が叱りつけたら、どうなったでしょうか？〝いいこと〟をしたつもりで得意になっていた克之は、そんな気持ちをいきなり頭ごなしに傷つけられ、傷つけた私を、うらんだことでしょう。自分がよくないことをしたことに、気がつきもしなかったでしょう。

子どもの気持ちに、耳を傾けると、会話がうまくいくだけでなく、子ども自身に自信がつくものだ、という気がします。

いまの子どもたちは、〝ガキ大将グループ〟のような、タテの関係の遊びがないとよくいわれます。その意味で、卓ちゃんのような年上の子に、遊んでもらえるのは、悪くないと思うし、克之もそんな中で成長していくと思います。

友だち選びを子どもに任せたら

命令ばかりするから一緒に遊びたくないといいながら、やっぱり遊ぶ娘。口を出したいが

大久保　美津江（広島県・主婦・34歳）

幼稚園の降園後のことでした。長女の亜由美（6歳・年長組）が、園服やカバン、帽子をハンガーにかけながら、私に話しかけてきました。長男の郁大《いくひろ》（2歳）をあやしながら、私は亜由美の話に、耳を傾けました。

亜由美「あーあ、いやだなあ」

私「あら、どうしたの？」

亜由美「あのねえー。田鶴子《たづこ》ちゃんと遊ぶと、命令されるけえ、いやなんよねえ」

ああ、またか――と、私は思いました。田鶴子ちゃんは、三人姉弟の真ん中で、とてもしっかりしている子です。いつも亜由美は田鶴子ちゃんのいうままで、親の私としてはちょっと情けなくなるほどでした。田鶴子ちゃんほどとはいわなくても、亜由美ももう少し、自主性を持ってくれれば、と私は思っていましたから。

亜由美「田鶴子ちゃんのいうとおりにやらんと、いけんのじゃけえ」
私「まあ、そうなの」
亜由美「じゃ、田鶴子ちゃんとこ、いってきまーす」
私「あら？　遊びにいくの？」
亜由美「ううん、うちで遊ぶんじゃけどね。迎えにいくの」
私「そう。一緒に遊ぶのね」
亜由美「だって、命令もするけど、一緒に遊んだほうがおもしろいもん。じゃ、いってきまーす」
私「いってらっしゃい」

ちょっと、わかりませんでした。嫌っていたはずの田鶴子ちゃんと今日も遊びたいなんて——信じられない気持ちでした。
そんなに命令されるのに、一緒に遊びたいの？——といいそうになりましたが、こらえました。友だちは友だち。なにも親が、「良い友だち」「悪い友だち」などと口を出す話でもないでしょう。むしろ逆に、私が口を出したりすれば、亜由美は困るかもしれません。まあ、遊びながらでも、亜由美自身で友だちを、しっかり選べると信じています。

友だちのこといっぱい聞いてね

ベッドに入って、私のオッパイに触れながらの息子の話。気持ちがよくわかって感激です

近藤　芳子（埼玉県・主婦・29歳）

下の子のけいこ（2歳）は、九時少し前にベビーベッドで寝ました。夫は、まだ帰りません。これは、いつものことです。一〇時をすぎて、私はベッドに入りました。子ども部屋へいったばかりの征則《まさのり》（4歳）が、私のベッドにやってきました。
「ねえ、おかあさん……」
そういいながら、征則はするりとベッドに入りこみました。そして、ちょっと身体の向きを変えて、私のオッパイに触れました。オヤオヤ……。どうしたのかしら……。
征則「ねえ、おかあさん。タクちゃんとミッちゃんは、ボクの友だちなんだよ」
私「そうね。三人で、いつも仲がいいわね」
征則「でも、キヨシ君は、意地悪なんだよ」
私「ふうん」

征則「あいつとはケンカして、ボクのほうが勝ったんだ」
私「そうなの。マアちゃんは、強いのね」
征則「ただね、ケンタは5歳だから、強そうなんだよなあ」
私「ケンちゃんは、マアちゃんに、意地悪するのね」
征則「うん！ そうなんだ……」
私「意地悪されるのは、いやよねえ」
征則「こんど、あのケンタと一度、勝負しなくちゃ」
私「…………」

正直なところ、昼間の〝主婦業〟に疲れていて、半分はウワの空でした。それでも、征則の気持ちには耳を傾けられたのかな、と思っています。

こうやって書いてみると、たわいのない話です。仲よしの友だちのこと。意地悪な子はいるけど、でもケンカでは勝った。それはいいけど、勝てそうもないイジメっ子もいる――子どもの世界での、何げない日常のよくある話です。それでも子どもの様子が私によく伝わってきました。

征則はずっと私のオッパイに触りながら、話していました。くすぐったかったけど、でもおかげで、うまく聞けたのかもしれないと思いました。

私、おりこうじゃないもん！

「オモチャ貸して」「絶対貸さない！」ともめる娘。他人の前でも焦らず、上手に対応できた

伊藤　隆子（三重県・主婦・32歳）

長女のこずえ（4歳）は、二カ月後には、いよいよ幼稚園です。新しくできるお友だちと、仲よくしてくれたらいいな、と思います。

そんな二月のある日、仲よしの美沙ちゃん（3歳）が、おかあさんと一緒に、遊びにきました。美沙ちゃんが「オモチャ、貸して」というのに、こずえは「いやっ！」といって、貸そうとしません。美沙ちゃんはついに、「貸して！　貸して！」と泣きわめいてしまい——。

私「コウちゃん、そんな意地悪しないで、貸してあげたら？」

こずえ「絶対にいやだ！　絶対に貸さない。もう遊ばない！」

私「そんなこといわないで、おりこうさんだから、貸してあげられるよね」

こずえ「私、おりこうじゃないもん。いやだよーだ！」

私「コウちゃんは、オモチャを貸してあげるのが、いやなんだね」

こずえ「いやだよ！」
私「そう。オモチャを貸してあげるのが、いやなんだね」
こずえ「うん。だって、ミイちゃんは絶対に、かたづけてくれないもん。私がぜーんぶ、かたづけなくちゃダメだから、絶対に貸してあげない！」
私「コウちゃんは、ミイちゃんが使ったオモチャも、かたづけなくちゃいけないから、貸してあげるの、いやだったのね」
こずえ「うん」
ミイちゃんのおかあさん「じゃ、ミイちゃんの出したオモチャ、おばちゃんがかたづけるから、貸してくれる？」
こずえ「いいよ」

子どもは泣くし、その親もいる。私が焦ってつい自分の子にがまんさせたり、ごまかしたり、怒ったり、ということが多いのです。当然、子どもは不満になります。
このときは、美沙ちゃんのおかあさんが、私が『親業』を勉強していると知っている人だったので、邪魔も入らずうまく聞けました。私が子どもの気持ちを、時間をかけて聞くのを黙ってみているおとなはそんなには多くないのです。

第2章
幼稚園・保育園の中で

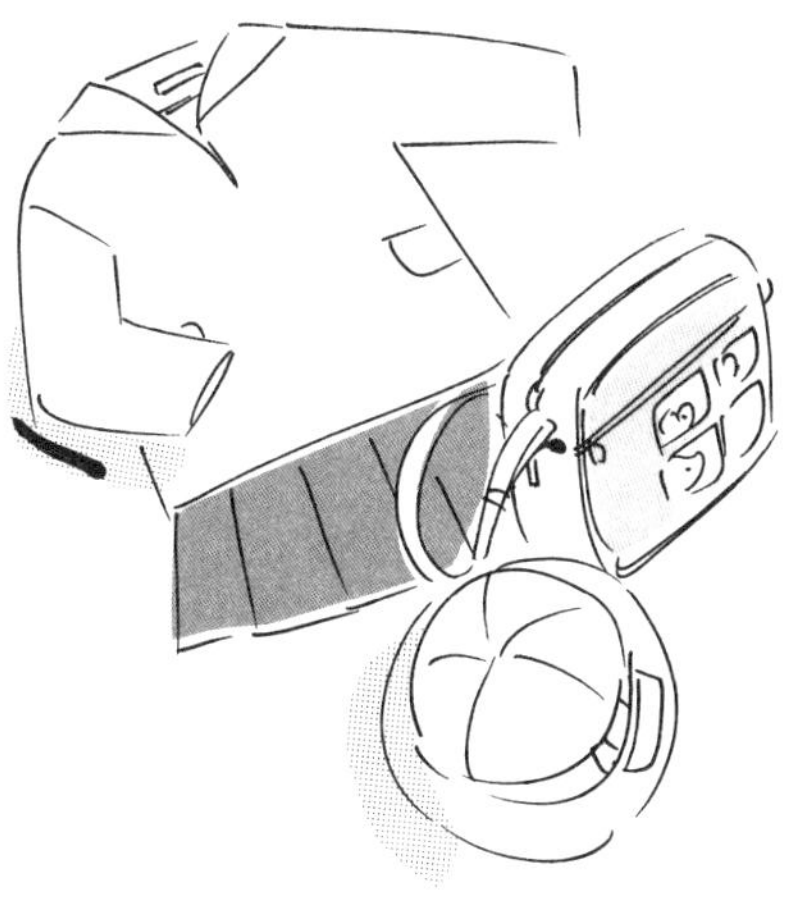

ほかの保育園にいきたい

イジメではないかとドキッとしたけどホッ！
年長さんになる不安がいわせたことばでした

豊田　義子（千葉県・主婦・33歳）

娘の裕子（5歳）は、いつもなら保育園から帰ってくるなり、「ああ、遊んだ！」「もっと遊びたい！」など、元気にわんぱくぶりを発揮していました。まあ、子どもなんてそんなもの、と私もたのもしく思っていました。

ところがこの日は、園服も着替えないまま、私に話しかけてきました。

裕子「ゆうちゃん、ほかの保育園にいきたいな」
私「ほかの保育園に、いきたいの」
裕子「〝おおきいぐみさん〟になるのいやだ！」
私「〝おおきいぐみさん〟になりたくないの？」
裕子「ゆうちゃん、牧田先生がいい」
私「ずうっと牧田先生と一緒がいいのね」

裕子「お友だちとも、お別れしたくない」
私「ゆうちゃんは、牧田先生も、お友だちも、大好きなんだ」
裕子「うん！　〝おおきいぐみさん〟にはなりたくない。だって山内先生、怒るんだもの……」
私「山内先生が怒るんで、いやなんだ？」
裕子「だから、ゆうちゃん、ほかの保育園がいい。ほかにいきたい！」
私「みんなとお別れするのが、いやだから、ほかの保育園にいきたくなったのね？」

短いようですが、これだけの会話に五〇分かかりました。

最初に「ほかの保育園にいきたい」といわれたとき、正直いって、ドキッとしました。イジメ――というのが、まず頭にうかびました。でも裕子の気持ちを聞き続けて、なんのことはない、〝ささいな〟悩みだな、とわかりました。

もし私が、「ダメよ！　そんなこといっちゃ」などといっていたら、裕子の気持ちを知ることなど、できなかったでしょう。そして裕子のホンネを知らぬまま「イジメだとしたら困ったな。山内先生ってすぐ怒るんだ」など、的はずれに悩んでいたかもしれません。

いいたいだけいうと、裕子はケロリとして、着替えて遊びにいきました。

幼稚園にガイコツいるからこわい

「元気よくいこう！」なんて、はっぱかけてもダメ。子どもの話をよく聞くのがいいですね

大島　昭子（東京都・主婦・38歳）

夏休みも終わり、今日から幼稚園がはじまるという朝のことです。六時半を少しすぎたころ、長男の淳一（5歳）が、泣きそうな顔で、寝室から下りてきました。私は朝食の用意を終えて、朝にしては余裕があったので、落ち着いて話せました。

淳一「いきたくない！　幼稚園なんか、いかない！」

目をこすりながら、淳一はいいました。涙がにじみかけていました。〝休んでいいでしょう？　ねえ、ねえ、いいでしょ？〟といってるみたいです。

私「そう。いきたくないの？……。休みたいのね。淳ちゃん、幼稚園いやなの？」

淳一「こわいもん！　幼稚園にガイコツがあるっていってたよ。そんなところ、いやだよ。だから、いかない！」

私「そう。だれかが、『ガイコツがいる』って話していたのね。それで淳ちゃん、いや

だったのね」
淳一「こわいところは、いやだよ！　ねっ、ねっ、休んでいいでしょう？」
なんでもいい。とにかく「休んでいいよ」と私に返事させようと必死な気持ちが、ありありと伝わってきました。
私「本当にいやだな、と思っているのね。幼稚園、嫌いになったの？」
淳一「真弓先生は、好きだけど……でも、やめたいよお。いかなくても、いいでしょう？」
やっぱり休みたいのか――でも、淳一の目から、涙は消えていました。
私「幼稚園は嫌いだけど、真弓先生は好きなのね。で、朝やお昼に、幼稚園にはガイコツが出るのかな？」
あれっ!?　という顔で、淳一はしばらく、考えていました。そして、
淳一「ガイコツは、イエス様に弱いから、朝は出てこないよ……」
私「そうね。おかあさんも、ガイコツが朝から『こんにちわ』って、出てこないと思う」
淳一「うん。そうだね。じゃあ、いってみる」
私「幼稚園に、いくことにしたの。そう、よかったね」

まったく、驚きました。あれほどいやがって、もう絶対にいかないといっていた淳一が、「じゃあ、いってみる」というなんて！

これまでの私だったら、「男の子だから、強くなって、元気よくいこう！」などとはっぱをかけ、淳一の恐怖心は、少しも減らず、ますますいやがったことでしょう。励ますとはいっても、実は私が、ごまかしていただけではないか、といまは思い当たります。

夏休みの間も、朝の起床と夜の就寝の時間は、規則正しくしてきました。だから私は最初、なぜ淳一がいやがるのか、その理由がまったく、のみこめませんでした。

あるいは家にいるときは、末っ子（上に8歳の長女がいます）で甘えられたのが、幼稚園へいけばそうはいかないのかな、とも思いました。まさか「ガイコツがいる」とは……。

大人なら笑い話ですむところを、本気にこわがるなんて、やっぱり子どもと思いました。それにしても、だれが「ガイコツがいる」なんて、淳一にふきこんだんでしょう。

淳一の気持ちに耳を傾け、淳一の話しているその気持ちを、私がわかっていることを伝える――たったそれだけのことで、いままでとはまったく違う本当の話し合いが進みました。

そして、淳一はそんな中で、自分の頭で考えて、5歳なりの結論を出したわけです。

これからも淳一の気持ちをよく聞こう、と心に決めました。

お弁当の不満をいう子じゃないのに

早く食べる競争をしているからサンドイッチのほうがいい、というので作ってみたら……

太田 美和子（岐阜県・主婦・32歳）

友里（5歳）の幼稚園で、お弁当の日が二日続きました。その次の日は水曜で午前中で終わり、昼食は私と二人で家で食べました。

その昼食を食べているとき、友里がお弁当の不満を口にしました。二日間とも特に文句をいわなかったので、意外な気がしました。

友里「ゆりちゃん、お弁当、いやだなあ」

私「お弁当を持っていくのが、いやなの？」

友里「ゆりちゃんは、お弁当を持っていくのがいやなんじゃなくて、お弁当を食べるのがいやなの」

私「そう。お弁当を食べるのが、いやなのね」

友里「食べるのがいやというより、食べるのが遅くて、一番最後になるのがいやなんだ」

私「そうか。一番最後に食べ終わるのが、いやなのね」

友里「サンドイッチだと、一番になれるから、いいんだけど……」

私「じゃ、サンドイッチのお弁当だといいのね」

友里「サンドイッチも好きだけど、ごはんのお弁当も好きよ。ゆりちゃん、おかあさんが作ってくれたものは、みんな好き」

私「あしたのお弁当は、サンドイッチにしようか？」

友里「サンドイッチでも、ごはんでも、どっちでもいいよ。かよちゃん（香世＝3歳・二女）や、おとうさんの好きなお弁当にしてあげて」

私「じゃ、みんなに聞いてみるわね」

次の日、私は友里に、サンドイッチのお弁当を作りました。

「一番早く、食べられたあ！」

と、友里は大喜びで帰ってきました。私もうれしくなりました。

何がなんでも、早いほうがいい——などと、友里にいったおぼえはありません。それなのに一番最後はいやといったのは、グループに分かれて食べるとき、早さを競争するらしいからです。あまり意味ないこととは思いますが、まあ子どものこと、そんなことも一つの経験ではあるでしょう。

「ごはんのお弁当も好き」「おかあさんが作ってくれたものは、みんな好き」といわれたときは、とってもうれしかった！

そして、ただ一番になることよりも、父親や妹のことも考えて、その二人が好きなお弁当にしてほしい、という気持ちを聞いたときは、思わず目がうるんでしまいました。感激です！ ほかの人のことを思いやる、本当にやさしい子——。そんな気持ちを、いつまでも失わずに、成長してもらいたいな、と思いました。もちろんそのために、私にできることはしていくつもりです。

友里の本当の気持ちを、それもすばらしい心の声をよく聞けて、本当にすてきな日だったと思います。そのことを夜、夫に話したら、

「いままでのいい方とぜんぜん違うな。僕にも、そんなふうにいってくれよ」

ですって。

『親業』は、何も相手が子どもでなくても、できるといいます。夫を相手にためしてもいいなと思います。そして、夫も『親業』の、よき理解者になってくれそうな感じで、これもうれしいことです。

後ろの子が髪のリボンさわるからイヤ

娘の話をさえぎらず、よく聞いているだけで自ら解決法を見つけてくれました。うれしい

金沢　明美（群馬県・主婦・32歳）

二女の理美《ただみ》（6歳）が、幼稚園の準備を自分ですませて、私のところへきました。いつものように髪をとかしていると、急に理美がいいました。

理美「おかあさん、あのね……。愛ちゃんが幼稚園で私のこと、引っぱったり押したりするの。おリボンをさわったりするの。いやだなあ」

私「ふうん……」

理美「愛ちゃんは、私より髪の毛が長いんだよ。いつも〝三つ編み〟にしてくるのに、一つもおリボンつけてこないの。ぜんぜん、してこないんだよ」

私「そうなの……」

理美「それでね、私のおリボンをさわったり、引っぱったりするから、おリボンの形がおかしくなったり、取れたりするの。意地悪なんだからあ！」

私「おリボンが変なふうになるのが、いやなのね」

理美「うん、そう。愛ちゃんは、お教室でも私の後ろに座わっているし、私より背の順が一つ大きいから、おならびするとき、いつも私の後ろなの。だから、いつも後ろからさわられるの」

私「そうなの……」

理美「わかった！　ごはんをたくさん食べて、愛ちゃんより大きくなればいいんだ。そしたら後ろからおリボンさわられること、できないもんね」

私「それはいい考えね、理美ちゃん」

『親業』の勉強をして（といっても、まだ三回ですが）、子どもの気持ちを聞こうという姿勢になってみると、子どもが以前より、明るくなったように思えます。そして、私自身も大きく変化したと感じます。それまでの〝ヒステリー・ママ〟は、八～九割くらい、姿を消してしまいました。驚くほど、イライラが少なくなりました。

子どもに限らず、自分以外の人の気持ちに、耳を傾けてみると、意外なホンネが聞けるものだ、とわかります。『親業』のおかげで、ますます、人間が大好きになりました。こんどは、夫にも『親業』してみようか、なんて考えています。

ママがいないとさびしいな

引っ越したばかりで新しい環境になれない娘が泣いて訴えたが、私も同じよというと……

岡島　エミリー（東京都・会社員・35歳）

私は日本人男性と結婚して、五年前から日本に住んでいる。女性も積極的に社会参加すべきだ、と私は考えているので、結婚後も、娘の芽衣《めい》（3歳）が生まれた後も、会社は同じではないが仕事を続けてきた。

数カ月前に、私たちは新しい家へ、引っ越した。芽衣も新しい保育園に通うことになり、以下はそのときの経験である。

最初の日、芽衣はこの新しい環境に戸惑い、不安から泣き出してしまった。保母さんは私に、二時間のあいだ保育園にとどまることを認めてくれた。私と芽衣は、座わって一緒に、ほかの子どもたちが遊ぶのを見ていた。

次の日の朝、家を出る前の、私と芽衣のやりとりの内容が以下である。

芽衣「ママ、私、保育園にいきたくない」

私「今日は、いきたくないのね」
芽衣「いきたくない。こわいの……」
私「ママがいってしまって、一人になるのが、こわいのね」
芽衣「うん。それに、ママがいないと、さびしい」
私「ママが働いている間、一人でさびしいのね」
芽衣「うん……」
そういわれて、私もさびしくなって、少し会話をやめた。そして、
私「ママも、働いているときに、芽衣がいないので、さびしいわ！」
芽衣「ママも、私がいないと、さびしいの？」
私「ママも、芽衣と一緒にいたいから、仕事が終わったら、すぐ芽衣を迎えにいくわね」
芽衣は、しばらく考えていた。それから、私に抱きついてきて、
芽衣「私、保育園にいく！　今日は、泣かないわ！」
こういって芽衣は立ちあがり、私の手をとって、私と一緒に家を出た。
私たちが保育園に着いたとき、保母さんが近くにきて、

保母「おかあさん、今日は大変でしょうから、一緒にいても、いいですよ」
と、いってくれた。しかし私は、次のように答えた。
私「だいじょうぶです。けさ、家を出る前に話をしてきたので、今日は泣かないと思います」
保母さんは、私のことばが信じられなかったのか、もう一度いった。
保母「今日は、いたほうがいいんじゃないですか？」
私たちが、バッグを壁にかけているとき、芽衣は私に向かって、
芽衣「バ〜イ、ママ。ママがいないと、さびしいけれど、私は泣かないわ」
といった。そして、手をふりながら、遊びはじめた。

その日から、芽衣は保育園へいくときに、一度も泣いたことがない。保母さんにとって、これは大きな驚きであった。
『親業』を学ぶ前には、私は芽衣に対して、私の母が私にしたときと同じ態度、いい方をしていた。芽衣が、「ビスケットが欲しい」とか、「外に遊びにいきたい」とかいう理由で泣いたとき、私は「赤ちゃんのように泣くんじゃありません」とか「静かにしなさい」と、無意識にいってきた。そのようなときには、私の母が、私のすぐ後ろに立っているような

薄気味悪さを感じた。

　私が子どものときに味わった、拒絶、非受容、嫌悪、劣等感といった感情が、心の中に突然、わきあがってくるように感じた。そして、このような行動が、私と芽衣との関係に与える影響にすぐ気づき、涙ぐむのであった。

　一年半前に、私は『親業』を学んだ。そのときから私は、娘や夫やそのほかの人たちに対して、ずっと寛容になったと思う。より重要なことは、私自身を受け入れられるようになったことである。他人を受け入れるためには、まず自分自身を受け入れることが、できる必要があるからである。

　いままでは私と芽衣は、非常にリラックスした、楽しめる関係を持っている。私は母としての自信を持ち、娘もしあわせで、自信を持っている。私の夫も、私の行動と人間関係の変化に気がついているようである。

　この一年間、私は『親業』を通して、この分野の本を数多く読み、勉強した。そして『親業』が、現代の子育てにおいて、ますます重要な意義を持つものであることを、確信するようになった。

　私は、私が持つことができたような、家庭内の人間関係を改善するチャンスを、インストラクターとしてほかの人たちに与えることができればうれしい、と思っている。

えっ、金魚になりたい⁉

娘のことばに戸惑いましたが、なわとびが下手、イジメられると本当の悩みが聞けました

関　民江（大阪府・主婦・33歳）

めぐみ「おかあちゃん、金魚ってええな。うち、人間じゃなくて、金魚のほうがええわ」

私「えっ？　めぐちゃん、金魚になりたいの⁉」

めぐみ「うん。金魚って、ポカンと浮いてたらええだけやろう？　一日中泳いでたら、ええだけやもん。幼稚園もいかんでええし」

これは驚き、でした。たとえば、「鳥になって空をとびたい」っていうなら、いかにも子どもらしくてかわいいのですが、それが金魚とはねえ。それも、ポカンと浮いてるだけがうらやましいなんて……。何を考えているのかと思ったら——なんだ、そうか。はやい話、幼稚園にいきたくない、といいたいわけだったんです。

私「ふうん。めぐちゃんは、幼稚園があんまり好きじゃのうなったみたいやね」

めぐみ「今日も、イジメられた！　ノリ君も、カズちゃんも、イジワルいわはる」
私「めぐみちゃんは、イジメられるから幼稚園へいきとうないのんやね」
めぐみ「私にカズちゃんがいわはる。『めぐちゃんは、なわとびできへん。下手や』て……」
私「めぐちゃんはみんなに、なわとびが下手くそやていわれるのがいやなんやね」
めぐみ「(下を向いて) うん…」
私「じゃ、今日、家に帰ったら、なわとびの練習しようか。うまくなれるように」
めぐみ「うん!!」

私の最後のひと言で、めぐみの表情は一転してとてもうれしそう。よかったわ。

それにしても金魚の話から、めぐみの本当の悩みまで聞けたなんて嘘みたい。うまく聞けて、本当、感激しちゃいました。金魚の話で、私が「ばっかみたい」といってしまったり、イジメられるというのに「負けちゃダメよ」なんて答えたら、たぶん悩みを聞けなかったと思いました。よく聞くことが、本当に大切なことですね。

あれからめぐみは、毎日練習して、一週間後には、連続一〇回もとべるようになりました。もちろん、イジメられさんも金魚さんも、さよならです。

風疹なのに幼稚園へいきたがる

年一度の父親参観日が運悪く重なって……でもいきたい気持ちをわかってあげると素直に

杉浦　千津子（岡山県・主婦・30歳）

長男の公則《きみのり》（5歳）は、幼稚園の年長クラスです。あしたは年に一度しかない「父親参観日」。夫はいつも仕事に追われ、休日でも満足に公則の相手ができません。でも、「年に一度だけだから」と、夫は去年の参観日は、ちゃんとあけてくれました。

昨年には、親子の〝玉入れ競争〟や、〝リズム・ゲーム〟などで、夫も公則も大満足でした。今年も、父親参観日を楽しみにしていたんですが……。

ところが運悪く、四、五日前から公則は風疹にかかってしまいました。いずれはかかると思っていましたが、まったくタイミングが悪くて、困ってしまいます。休園しなければいけないことはよくわかっているんですが、やっぱりいきたくて仕方ないようです。

公則「おかあさん、あした、幼稚園にいっちゃダメ？」

私「幼稚園に、いきたいのね」

公則「うん、いきたい」

私「そう。でも、風疹にかかって幼稚園にいくと、まだかかっていない人にうつすし、そうなれば、公則を幼稚園へ出したのは、おかあさんだから、先生におかあさんが叱られちゃうな。そんなの、おかあさんはいやだわ」

公則「そうか……。やっぱり、あしたはおかあさんと、おうちにいるよ」

なんとなくぐずっていた公則が、実にあっけなく、あきらめてくれました。

公則の気持ちに耳を傾けて、「いきたい」という本心をわかってもらえたので、安心したようです。

そして、公則をいかせるのは私がいやだと、自分の気持ちを素直に伝えたことで、公則もわかったようです。

子どもの気持ちを聞き、私自身も素直に気持ちを伝えるようになってから、会話がスムーズに、進むようになりました。

クラス一小さいけどがんばるよ

クツをなめたり、女の子のパンツを見たりする子をやっつけたいという娘に感心しました

寒河江《さがえ》　晴美（奈良県・主婦・37歳）

幼稚園の〝給食当番〟で、娘のさゆり（6歳）はおかずの係になりました。そのときに、同じ係の木下クンがヘマをして、ヤケドしそうになりました。
それ以来、「木下クンはいや！」といっています。気持ちはわかりますが、木下クンとは席も隣りなので、さゆりの悩みはなかなか解決しません。早く〝席がえ〟して、とさゆりはいうのですが……。今日も、さゆりは不機嫌な顔で帰ってきました。

私「木下クンが、いやなの？」
さゆり「うん。いややわ……。気持ち悪いことばっかり、するんやもん」
私「気持ち悪いことばっかりするんやね」
さゆり「ノリや粘土を、なめたりするんや」
私「変なものをなめるから、気持ち悪いんやね」

さゆり「ぞうきんや、クツや、イスや机もなめるよ。みんな、気持ち悪がってるよ」
私「変なもの、なめるのを見ると、ぞーっとするんやね」
さゆり「うん！ それに、女の子のパンツを見るから、いやなんや」
私「見られると、はずかしいんやね」
さゆり「でも、成美ちゃんは大きいから、木下クンのこと、やっつけてるよ」
私「さゆりちゃんも、大きくなって、成美ちゃんみたいに、木下クンをやっつけたいんやね」（さゆりは、幼稚園のクラスで、一番小さいんです）
さゆり「うん……。でも、たまには私も、やっつけることもあるけんどね」
私「さゆりは小さいから、あまりやっつけられないと、思うんやね」
さゆり「でも、たかしクンは小さいけど、木下クンのこと、やっつけてるんよ」
私「小そうても、たかしクンは強いんやね」
さゆり「うん！ 小そうても、たかしクンは元気やもん」
私「さゆりも、たかしクンみたいに、強くなりたいんやね」

たしかに、木下クンには変な行動があるようです。でも、さゆりもがんばっているな、と感心しました。さゆりを応援する意味でも、もっと気持ちを聞こうと思います。

運動会で何が一番楽しい？

積み木で遊べないから運動会の練習はいや。でも興味を持たせる話し方で本番が楽しみと

保科　裕子（静岡県・主婦・32歳）

このところ長男の信之（6歳）は、幼稚園に出かけるまぎわになると、登園をいやがります。そんなことが何回か続きました。理由を聞くと、「運動会の練習がいやだ」といいます。さて、困ったわ……。

これまでは、どなりつけたりして、信之を無理やり登園させました。信之も私におこられると、サボらずに登園していましたし、私としては、とにかく幼稚園へいってくれればいいと思っていました。でも、いつもこのままではよくないと考え直し、夜になってベッドに入った信之と、ちょっと話してみました。

私「ノブちゃん。今日、運動会の練習したの？」

信之「したよ」

私「けさ、『運動会なんていやだ』って、いってたでしょ。どうして？」

信之「だって、ホールでなんにも遊べないんだもの」
私「ホールで、遊びたいの？」
信之「うん」
私「ホールで遊ぶと、いいことあるの？」
信之「うん！　大きな積み木が、おもしろいから」
私「大きい積み木が、好きなの？」
信之「うん！」
私「そうなの。じゃ、運動会でやるので、一番好きなのは何？」
信之「〝しっぽとり〟かな？」
私「〝しっぽとり〟が、楽しいの？」
信之「うん。おらっち、今日、勝ったよ！」
私「ミイちゃん（信之と同じクラスの女の子）が、いってたよ。今日、ノブちゃんに負けたって」
信之「おかあさん、聞いたの？　おらっちが、勝ったって……」
私「うん。ミイちゃん、『とられちゃった』って、いってたよ」
信之「そうなんだ。一五対一〇だったよ！　五つも、おらっち勝ったんだよ」

私「強いねえ」
信之「おかあさん、〝親子競争〟にも出てよ」
私「おかあさんと、走りたいのね」
(本当は、〝親子競争〟には、主人に出てもらうつもりでいました。でも、信之からこういわれると、「あれはおとうさんに……」とは、いえませんでした)
信之「うん！　本番が、楽しみだなあ」

うまく信之の気持ちを、聞けたと思います。ただ会話から出てきた結果は、私が話しはじめたときの心づもりとは、はずれてしまいました。

楽しい運動会にするためには、練習が必要だと私は思っていましたし、信之にもそう考えてほしい、という気持ちがあったので、話が終わっても、実はちょっと不満でした。

でも、信之から次のようにいわれて、私は心が安らぎました。

「おかあさん。今日は、ぼくとよくお話したねえ」

そういって安らかな表情で眠った信之を見ていたら、不満も何もかも、みんなふきとんだ思いになりました。

信之の寝顔を見ながら、これまでの私のやり方を、心から反省もしました。しょせん私の主張は私の主張、それも大人の論理です。子どもに無理やり押しつけようとしたって、受け入れられるはずはないと、このときに思いました。子どもの心と本当にふれあう瞬間の何と楽しいことか。

とはいっても、幼稚園の運動会はすぐ先のことです。私自身、運動会は苦手なので、運動会の〝親子競技〟は、すべて夫に任せようという心づもりで、それはいまでも変わっていません。

どうしても、信之が私と出たい、というのなら、そのときには考えようと思っているのですが……。でも、正直に言うと気が進みません。

子どもの欲求や主張はときには不条理で、あるいはおかしなことが多いですから、いっそ、子どもなど生まなければよかったかな、などと思うこともあります。でも逆に、大人にはわからない、子どもの世界もある、と教えられることもあり、そんなときはやっぱり生んでよかったと心から思います。

今日は保育園にいきたくない

「おなかが痛い、起きたくない」とぐずっていたのに「ごはん食べていくよ」に変わりました

島田　和美（北海道・主婦・32歳）

長男の雅幸（6歳）は、しっかり者で、ほとんど何もかも自分からやります。それに比べて、次男の智幸（4歳）は、ちょっとグズなところがあります。

この朝も、なかなか起きませんでした。私が子ども部屋へいくと、智幸はまたベッドの中でぐずりました。

智幸「ボク、今日は保育園へいきたくない」
私「あら？　どうしたの？　気分でも悪いんかい？」
智幸「おなかが、痛ーい！」
私「そうかい。じゃ、お医者さんにいったほうが、いいね」
智幸「いかなくてもいい！　もう治った」
（ははーん、仮病か）と、私はすぐにわかりました。

私「眠いから、起きるのがいやなんかい？」
智幸「うん。眠いの」
私「そう、起きたくないの。一日中、寝てたいかい」
智幸「もう起きるよ」
私「それじゃ、ごはんも食べられる？」
智幸「うん。食べるよ」
私「うんと食べて、じょうぶになってね！」
智幸「保育園へいくよ、ボク」

以前の私は、「仲よしの和人《かずと》クンもいくから、トモちゃんもいきなさい」「さあ、時間がないんだから、早く起きて！」などと話をごまかして、さっさとフトンをかたづけたものでした。それでも智幸はなんとか保育園へいってました。

この朝、智幸の気持ちを聞いて、「いきたくない」のは眠くて起きられないからだとわかりました。そうだったのか……それならこんど二人で話し合って、早寝早起きをするにはどうしたらいいかを、決めたいと思いました。解決法が見つかれば、智幸も無理に仮病を使わずにすむし、私もイライラしないですみますから。

長女が幼稚園で泣いたのはなぜ

もうすぐ小学生。それで友だちや先生と別れるのが悲しく、感傷的になっていたようです

福島　美樹子（静岡県・主婦・29歳）

幼稚園から帰った麗花《れいか》（5歳）は、帰宅時はいつもと同じようでした。ところが弟の憲太（3歳）と遊びはじめてから、口調が荒くなり憲太を泣かせました。

何か幼稚園であったらしいぞ――と思いました。そういえば、この日は体力測定がありました。そのときは黙っていて、夕食時に体力測定のことを聞きました。すると、「うん。レイちゃんね、片足で立つの、一〇〇までできたんだよ」

体力測定は、問題ではなかったようです。「そう、よかったね」と答えて、私はわからなくなりました。でもしばらくして、また麗花が私のところへやってきました。

麗花「……今日ね、『うさぎ組』の子、みんな先生に叱られたんだよ」

私「あら、どうしたの？　どうして叱られちゃったの？」

麗花「折り紙に、『ジジイ』とか『バカ』とか書いた子がいてね。浩也クンと彰クンと

……。先生に叱られて、廊下に立たされて、廊下に立たされたんだよ」
私「ふうん。廊下に立たされたのね。麗花も叱られたの？」
麗花「ううん。レイちゃんは、そういうの書かなかったもん」
私「そう。どんな気持ちだった？　先生、こわかった？」
麗花「レイちゃん、泣いちゃったの」
私「あら、泣いたの？　どうして？」
麗花「だって、さびしかったの、先生が、『みんなはもうすぐ一年生になって……』といったから。だから、さびしくて泣いちゃったの」
私「そうなの。もうすぐ先生とお別れするんで、さびしくなっちゃったの？　じゃあ、今日は幼稚園、あんまり楽しくなかったね」
麗花「うん。もうぜんぜん、おもしろくなかった。つまんなかったあ」
私「レイちゃんも、幼稚園でいろいろなことがあって大変ね」
麗花「そうだよ！　大変なんだから」
そんなことばと裏腹に、麗花の表情は明るくなりました。小学校へいくと、友だちとも先生とも別れる――それがちょっと悲しくて感傷的になったんでしょう。かわいいね！

第3章
きょうだいゲンカはなぜ?

おねえちゃんがアメくれない

自分のガムは食べてしまって、姉のアメを欲しがる妹。泣かせずにすむ対応を知りました

横井 敦子（福島県・主婦・34歳）

はるか（8歳）と、さゆみ（5歳）とに、一〇〇円ずつ与えて、おやつを買ってこさせました。「たまには、好きなおやつを食べたい」と、姉のはるかにいわれたからです。本当は、子どもが勝手に買うのは添加物など心配なんですが、まあたまには、と。

はるかはアメ、さゆみはガムをそれぞれ買ってきました。そして食べはじめたのはいいんですが、しばらくしてガムを食べ終わってしまったさゆみが――。

さゆみ「おねえちゃんが、アメくれない」
私「アメが欲しいの？」
さゆみ「うん、欲しい。一本くれたけど、もう食べちゃった」
私「まだ欲しいの？」
さゆみ「だって、おねえちゃん、まだ四本も持ってるもん」

私「四本も持っているのに、くれないの？」

さゆみ「おねえちゃんが、『さゆみはガムを買ったんだから、さゆみが悪い』だって。ガム、もう食べちゃった」

私「さゆみが悪いの？」

さゆみ「うん。さゆみも、アメ買えばよかったなあ」

私「そうね。また買おうね」

もし私が、「でもさゆみは、ガムを買ったんでしょ」といったら、さゆみはこうおとなしくはならなかったでしょう。同じことを姉にいわれ、また私にいわれでは、気持ちの吐き出し場所がなくてグズったと思います。「でもやっぱり、アメも欲しい」と、泣きわめいたかもしれません。

子どものいいたいことに、ちょっと耳を傾け、あいづちをうつだけで、こうもなめらかに会話が進むのかと不思議な気がしました。会話がスムーズになれば、私の気持ちも落ち着き、気分がよくなります。ステキなことですね。

このままでも成功でしたが、おまけがつきました。私たちの会話を聞いていたはるかが、さゆみにアメを一本あげたんです。やさしい子ね、はるかちゃん！

ボクがいたら、じゃまなんだって

父と兄がやっているなわとびに入れてもらえない弟。さびしい心を受けとめたら……

藤田 佐和子（長崎県・主婦・31歳）

「おにいちゃんのじゃまになるからといってるのに、何回いわせるんだ！」

日曜日の朝、ベランダから夫のどなり声が聞こえたと思ったら、二男の和樹（4歳）が、大声で泣きながら私のほうへ走ってきました。そのまま私のひざにしがみつき、しゃくりあげ続けます。追いかけてきた夫が、理由を説明してくれました。

夫にかけ声をかけてもらって、長男の直樹（6歳）がなわとびをしていた。和樹はそばで、″チョロQ″で遊んでいた。夫はそんな和樹にも、適当に相手をしていた。しかしなわとびに熱がはいるにつれ、和樹はじゃまになるところへ、チョロQを走らせた。それも再三になり、夫が和樹を叱った――ということでした。

これまでの私だったら、「じゃまをしたらダメよ」といって、そのまま泣きやむのを待ったものでした。でも今回は違います。

私「和樹も、パパと一緒に遊びたかったようね。さびしかったのね」
そういうと和樹はピタッと泣きやみ、うんとうなずきました。私はしばらく和樹をひざの上に抱いて、直樹のなわとびの様子を一緒にながめていました。そして、しばらくしてからやさしくいいました。
私「和樹も早く、おにいちゃんみたいにとべたら、いいわね」
すっかり泣きやんだ和樹は、直樹のなわとびをみながら、低い声でいいました。
和樹「うん。ぼくもしたい」
私「和樹がなわとびしているときにじゃまされるのは、やっぱりいやだと思うんだけど。おにいちゃんとパパに、『ごめんなさい』いおうか？」
和樹「うん。……ごめんなさい」
私に抱かれたまま、上目づかいにベランダのほうを向いて、和樹はいいました。
「しつけよう」「甘やかしはいけない」と、私はこれまで、泣いた子どもの訴えをすべて退けてきたんだ、と思いました。「さびしかったのね」という私のひと言で、和樹がピタッと泣きやんだことから、それがよくわかりました。どんな場合にも、一度は子どもの気持ちを受けいれれば、次の会話ができることが、よくわかりました。

いきなりバットで弟をなぐる

いつもがまんしている不満が爆発。プライドを傷つけないよう姉弟平等を心がけなくちゃ

福島　憲子（山梨県・主婦・29歳）

二男の英之《ひでゆき》（1歳4カ月）は、目が離せません。歩くのが楽しいらしくて、あっちへフラフラ、こっちへウロウロ……。長女の美樹（4歳）は幼稚園があっていいのですが、真ん中の健至《けんじ》（3歳）までは、とても目がとどきません。

ところが、タイミングよく、夫の両親と同居することになりました。おばあちゃまはちょっと身体が弱くて、孫の相手は無理です。でも、おじいちゃまは、それはもう、カクシャクとしていて、健至のいい遊び相手になってくれます。

この日も、おじいちゃまは健至をつれてスーパーにいきました。そこで健至にオモチャのバットとボールを買ってくれ、それを使ってさっそく二人で遊びはじめました。私は英之の相手がせいいっぱいで、目を離せません。そこへ、幼稚園から帰った美樹がいきなりバットをとりあげて、健至の頭をたたきました。

さあ、大変！　オモチャとはいってても、たたかれれば痛いものです。案の定、健至は大声をあげて泣きはじめました。

美樹「泣いたら、うるさい！　健至なんか、大嫌いだ！」

そういいながら、美樹はまた、バットをとりあげて、振りあげました。

私「ちょっと、ちょっと。ちょっと待って！　美樹ちゃんは、健至クンを、たたきたいほど、くやしいと思っているのね？」

美樹「違う〜〜!!」

私「泣いてるのが、うるさいと思っているのね？」

美樹「それも、違う〜〜!!」

口をひんまげて、まるでヤクザのような顔をして美樹は私に抗議しました。そして、

美樹「……健至なんて、大嫌いだ！」

私「健至クンなんか大嫌いと、思っているのね」

美樹「うん。だって……だって……家の中なのに、バットでボールをたたいているから、嫌いだ！」

私「家の中で、バットでボールをたたいているのが、危ないと思ったのね？」

美樹「そうじゃないけど……。いままでバットもボールも、なかったもん！」
私「バットもボールもなかったのに、それがどうしたのか、知りたいのね？」
美樹「そう。だってママは、なんでもない日にオモチャ、買ってくれないじゃない！」
私「オモチャを、なんでもない日に、健至クンが買ってもらって、それを見てくやしかったのね」
美樹「私だって、オモチャ、買ってほしいなって、思うんだもん。でも、誕生日やクリスマスまで楽しみにしながら、がまんしているんだもん……。それなのに、健至だけ、買ってもらって、ズルイ……。だから、たたいたんだよ」
私「美樹ちゃんはオモチャを買ってもらいたいなと思ったけど、誕生日やクリスマスまでがまんしていたのね？」
美樹「そうだよ。でも健至は、がまんしなかったから……」

そういうと、美樹は泣きそうな顔になって、私の手をつかみました。
そうなの。弟ばかりがかわいがられていると思って、とっても悲しい気持ちになったのね――と、私はいおうとしました。ところが、私と美樹の会話を、ずっと聞いていた健至が、なんと、口をはさんでくれたんです！

健至「美樹ねえちゃん。バットとボール、美樹ねえちゃんにも、貸してあげる！」
美樹「うん！　ありがとう。私も、一緒に遊びたかったんだ！」

そして二人はおじいちゃまの所へいって、ボールとバットで遊びはじめたんです。

このことがあってから、オモチャは、子どもの一人だけに買うというのをやめました。夫にもおじいちゃまにも、そう断わりました。

自分は、誕生日やクリスマスのような〝何かの日〟意外は、オモチャを買ってもらえない。それなのに、同じきょうだいの一人が買ってもらったりすれば、それまでがまんしたかいがなくなってしまいますから。がまんのあとの大きな喜び――私はこれが大好きで、子どもたちにも、そんな気持ちを味わってほしいと思っていますから。

いろいろ勉強になりました。私が英之にかまけている間に、子どもたちがどんな気持ちになったのか、知ることができました。

たかがプラスチック製のバットとボールですが、子どもたちは心の底から、そんなものでも欲しがるとわかりました。でも、美樹ちゃん――と、私は思いました。いくらプラスチックでも、頭をなぐるのはよくないよ。わかってくれたかな？　と。

じゃまされても妹はかわいい?

「ボクが大人になってから生まれればいい」につ いおかしな返事をしたけど、結果はグーでした

山根 秀美(佐賀県・主婦・36歳)

息子の圭《けい》(6歳)は、三歳のときに幼稚園の三年保育に入れました。そのときはひとりっ子だったので、友だちがつくりやすいと思ったからです。ところが幼稚園では、ひとりっ子は少数派です。兄や姉のいる子が多いのですが、弟や妹のいる子もいます。

「おかあさん、ボクも弟か妹が、欲しいなあ」

と、圭はよく口にしました。だから、娘のゆみ(2歳)が生まれたときには、圭が一番喜んで、またかわいがってくれました。友だちへの自慢のタネでもありました。ゆみのほうも、「おニイタン、おニイタン」としたって、本当に仲のよい、見た目にもほほえましい兄妹でした。

ところが最近、圭はいささかゆみをもてあまし気味。ゆみが何もかも真似したがるようになり、それが圭には「じゃまをする」と感じられるようです。でも、そこはかわいい妹

のこと。じゃまされても圭はけっこうがまんしていて、私は安心していました。

この日も圭はゆみから逃げ出して、ヤクルトを飲みにきました。ゆみも追いかけてきましたが、自分の分はもう飲んでしまっていました。「おニイタン、少し飲ませて」といわれ、圭は二口ほどゆみに飲ませてやったのですが、ゆみはさらに、「もっと」とせがんでもみあううちに、ヤクルトはこぼれてしまいました。

がまんできなくなった圭は、私に訴えてきました。

圭「ゆみなんか嫌い。ボクのじゃまばかりして。生まれなければよかった！」
私「じゃまばかりされて、生まれてこなければよかった、と思っているのね」
圭「うん。だってさ。絵をかけば『私も』って、じゃまするし。消しゴムで遊べば、すぐ『私も』って、ボクのこと真似したり。じゃまばっかりするんだ」
私「ゆみちゃん、おにいちゃんのじゃまばかりして、いやになっちゃったんだ」
圭「うん。だから、生まれなければよかったんだ」
私「そうかあ。生まれなければよかったって思ったんだ」
圭「でもさあ、生まれてもいいけどさ、もう少しあとで生まれると、よかったんだよ」
私「もう少しあとって？」

圭「あのね。ボクが大人になってから生まれれば、じゃまされないから、いいと思ったんだ」

私「おにいちゃんが、大人になってからだったら、生まれてもじゃまされないからいい、とおもったのね」

圭「そうだよ」

私「じゃ、おかあさん、ゆみちゃんのこと、あとで生むわ」

圭「(笑いながら) へーんなの。もう生まれたのに。ねえ、ゆみちゃん」

こういうと、圭はゆみと一緒に、また遊びはじめました。

最初に「生まれなければよかった」といわれたときは、ショックでした。いくらじゃまにしていても、結局はゆみと一緒によく遊んでいます。ヤクルトだって分けてあげたほどです。やっぱりゆみのことがかわいいはずだ、と私は信じていましたから。

と同時に、相当にがまんをしているのかなと思いました。いくらかわいい妹とはいえ、ものわからぬ小さな子に、遊びをじゃまされ続けでしたから。そんな気持ちがあったので、私はわりと落ち着いて、圭の気持ちに耳を傾けられました。

もっとも、私自身は圭が、「でも生まれてもよかったよ」というところへ持っていきたかったのですが、それは成功したとはいえません。「あとで生むわ」というのは、ごまかしのような気もします。でも結果はよかったので、これでもよかったのかなって、そのときは思いました。

あとから振りかえると、圭は会話の中で、「生まれてもいいけどさ」と、私が圭にいってほしかったことを、いいかけていました。でも私はそのとき、圭の「もう少しあとで生まれると……」のほうに気を取られ、圭の気持ちの聞き方を間違えたようです。そのことを『親業』の先生から指摘されて、なるほどと思いました。

そして、結果はよかったものの、もしあのとき圭に、

「それなら、おかあさん、ゆみちゃんをあとで生んでよ」

とでもいわれていたら、いったいどうなったか。子どもの発想って本当に自由ですものね。

姉の雑誌の付録を破いてしまう

作れなくても作りたい、欲しい気持ち、二人のいい分を上手に聞けて、イライラ解消です

小川 京子（滋賀県・主婦・28歳）

長女の麻由《まゆ》（5歳）には、毎月『幼稚園』の雑誌を買っています。二女の由紀（3歳）は、まだ小さいし、それに麻由が小さいころの本もあり、もったいないこともあって、新しい雑誌は買っていません。

『幼稚園』を買ってきた日の、午後のことです。麻由はさっそく、付録を作りはじめました。由紀はいつものように、横でおとなしく見ていました。ところが、つい手が出たのでしょうか。麻由の鳴き声で私が見ると、由紀が付録を破っていました。麻由は私のところへきました。由紀は困った顔で、別の部屋へいってしまいました。

麻由「ゆきちゃんが、まゆの本のふろくを、破いちゃったあ……」
私「そう。破いちゃったの。セロテープで、くっつけてみようね」
麻由「……うん。わかった……」

こちらはこれで、いちおうかたづきました。あとで私が、手伝うことになるのかもしれませんが。そこで私は、由紀のいる部屋へいって、話しかけました。

私「ゆきちゃん、ここにいたの？」

由紀「あのね……」

目に涙をうかべ、由紀は泣き出しそうな顔で、私に訴えてきました。でも、気持ちがたかぶっていて、「あのね」のあとのことばが出てこないようでした。

私「ゆきちゃんも、ふろく作ってみたかったんだよね？」

由紀「うん。ゆきちゃんも、作りたかったあ」

そういって、由紀は私に、抱きついてきました。泣き続けていましたが、しばらく抱っこしていると、少しずつ落ち着いてきました。

これまでだと、麻由には「おねえちゃんだから、がまんしようね」と、由紀には「おねえちゃんのだから、さわらないようにしようね」などと、〝注意〟したものでした。でもかえって、話がこんがらがって、二人の泣き声合唱に、つきあわされたものです。

少し間《ま》をおいて、子どもの気持ちを考えて、子どもと対応してみたら、意外とスムーズにいきました。このあと麻由は、何も文句をいいませんでした。

ボクもいっぱい抱っこしてよ！

兄妹ゲンカをすると、つい兄ばかり怒ってしまうが、ホンネを聞く余裕が持ててよかった

野沢 重子（山口県・主婦・31歳）

〝きょうだいゲンカは、仲のいい証拠〟とかいわれますが、まあそんなものか、とも思います。うちの雄太（4歳）と美香（3歳）もしょっちゅうです。ケンカは、いってみれば一種の〝ボディ・コミュニケーション〟かもしれません。

でも程度によります。この日の雄太は美香の上に馬乗りになって、叩いたり、髪を引っぱったり。ケンカというより、痛めつけていました。私は見ていられなくなりました。

私「そんなに美香ちゃんのいやがることばかりしないの！　おかあさん、怒ってるわよ！　ちょっと、お話しましょ」

雄太「いやだ、いやだ！……。本当に、お話だけ？」

雄太は泣き出しながら、いいました。

無理もありません。いつもなら有無をいわさずに、私が家の外へ放り出していましたから、こわがるのも当然です。でも放っておいては、美香が大変です。それに私も『親業』を勉強したので、とりあえずは話し合おうという気持ちになっていました。

私「そうよ。お話だけよ」

雄太を、私のひざに乗せてやって、私はつとめて心を落ち着けて話しました。

私「ユウ君は、美香ちゃんのこと、嫌い？　いないほうがいいの？」

雄太「好きだよ。死んじゃ、いやだよ」

私「美香ちゃんはね、ユウ君が乗っかったり、髪を引っぱったり、叩いたりすると、とってもいやなんだって、美香ちゃん、すぐ泣いちゃうでしょ？　とっても、いやがってるみたいだけど、ユウ君、どう思う？」

泣きやんだものの、雄太は口をへの字にして何もいいません。

私「ユウ君、さびしいの？」

すると雄太はまた涙を流しながら、私にしがみついていいました。

雄太「美香ちゃんばっかり抱っこして、ユウ君、さびしいよお！」

私「そうか。ユウ君、さびしいのね。美香ちゃんは、すぐおかあさんに、抱っこしちゃうものね。それがユウ君は、いやだったんだね」

雄太「ユウ君が美香ちゃんに何かすると、怒ってばっかり！ おかあさん、怒るととっても、こわいよお」

私「うん。怒るとこわいね。いやだね。おかあさん、よくわかった。これから、ユウ君のこともいっぱい抱っこするように、気をつけるね」

そうこう話している間に美香は泣きやんで、私と雄太のことを、不思議そうな顔でながめていました。と思ううちに、美香が私のひざに、乗ってきました。

雄太「美香ちゃんがくると、いやだよ」

こういうと、雄太は私からパッと離れて立ちあがりました。このままだまっていてはいけません。また雄太は、「美香ちゃんばっかり……」という気持ちに戻ってしまいます。

私「おかあさんの足、二つあるから。一つは美香ちゃん、もう一つはユウ君のね。ここにおいで」

あいているほうの足に雄太を呼びました。さすがに雄太は恥かしそうにいいました。

雄太「いまは、いいよ」

いつも妹をこづきまわし、泣かせている。妹の存在はかわいいが、ときにうとましく思い、内心はさびしい。そんな雄太の気持ちは、理屈ではわかっていました。私自身が長女で、子どものころいつもそう感じていましたから。

でもいざ親になってみると、子どもの気持ちを余裕を持って聞く、というのはむずかしかった。私の親も、たぶんそうだったんでしょう。つい腹立ちまぎれに、一方的な〝脅迫〟のような形で、子どものいい分を封じこめて終わらせていました。

私だって、子どものころにつらい思いはした。父や母にわかってもらえなくて、悲しくて悲しくて、心の中で泣いて……でも、泣かなかった……。

だから、雄太だって「おにいちゃんなんだから、がまんできるはず」というつもりでした。すぐ泣く弱虫にはさせたくないという〝親心〟もありました。

でもいくら強い子でも、がまんできる子でも、悲しいときは悲しいし、甘えたいときは甘えたい。そんな望みを、親がかなえられれば、親の気持ちもわかるし、明るくなるんだな。そんな雄太の〝変身ぶり〟を見ながら、心から思いました。

つい、美香ばかりにかまけて、雄太にがまんさせたのを反省しています。おにいちゃんとはいっても、子どもは子どもです。抱っこもされたいし、甘えてもみたい——そんな雄太の気持ちがわかって、本当にうれしい一日でした。

「妹か弟が欲しい」といわれても……

ひとりっ子のさびしさから、かわいがるものを欲しがる娘。犬か猫でもといってたけれど

後藤 則子（大分県・主婦・33歳）

娘の詩子《うたこ》（5歳）は、ひとりっ子です。本当は、弟や妹を生みたかったんですが、子宮筋腫で摘出したので、もう子どもは生めません。

その詩子は、先月末にひいた風邪をこじらせてしまって、ここ三週間ほど幼稚園を休んでいます。熱はそれほどないので、私ができるだけ遊び相手をしています。でも子ども同士の遊びと違い、詩子は不満が残るようです。

詩子「わたし、かわいがるものがいないから、つまんない」

私「動物が、欲しいのね？」

詩子「違うの。妹が欲しいの」

私「妹ね。おかあさん、体が弱いから、もう赤ちゃんは生めないかもしれないの。いとこに真奈ちゃんがいるでしょ？」

詩子「真奈ちゃん、ちっちゃいけど、熊本じゃ遠くて、毎日あえないんだもの」
私「いつも、そばにいないと、だめなのね？」
詩子「そう。だから、犬か猫、飼いたいなあ。でも犬はかむとこわいし、猫は家の中きたなくするし……困ったなあ」
私「もっと小さいのなら、いいじゃないの？」
詩子「そうだ。わたし、金魚にしよう。金魚なら、机においておけるし、ごはんのとき、いつも見られるもん。ごはんつぶ、あげるの」
私「そうね。じゃあこんど、詩子の風邪がなおったら、かわいい金魚、買いにいきましょうね」
詩子「わあい。赤いのがいいな」

友だちと遊びたいというよりも、ひとりっ子でさびしいという詩子の気持ちが、痛いほどわかりました。犬か猫といわれたときは、困ったなとも思いました。犬は、私も子どものころにかまれて苦手です。猫は飼ったことがないし……。

でも詩子は、自分で考えて、金魚にしました。これなら私も賛成です。本当は、弟か妹をプレゼントしたいけど、できなくて、ごめんなさいね。

オモチャ全部取るんだよ

大きくなった弟ともめてばかり。でもいまのほうが遊べて楽しい、とホンネが聞けました

丸山 芙美子（宮城県・主婦・35歳）

日曜日、いつもはパパ（夫）が、岳《たけし》（5歳）や元《げん》（2歳）と、遊んでいます。平日は仕事に追われるパパは、休みになると真剣に子どもたちと遊びます。

でもこの日曜日は、たまたまパパが出張でした。子どもたちは、それでも兄弟で遊びはじめたのですが、そのうちに兄弟ゲンカになりました。いつもはパパが、〝大岡越前守〟になるのですが、不在では……。私はとりあえず、岳の気持ちを聞きました。

岳「今日はパパがいないからつまらない！　いつも日曜日は、一緒に遊んでくれるのに……」

私「パパと遊べなくて、つまらないのね」

岳「ノリ君（友だち）も出かけちゃってるし、つまんない……」

私「ノリ君と遊ぼう、と思ったのね？」

岳「ゲン君と遊んでもつまらないよ。すぐオモチャ、取るんだから」
私「そう。ゲン君がオモチャを、一人じめするわけね？」
岳「でも、ゲン君しか遊ぶ相手がいないし……」
私「一人じゃ、つまらないのね？」
岳「うん。ゲン君と仲よくしたいけど、すぐオモチャの取り合いになるよ」
私「そう……。仲よく遊びたいけど、オモチャの取り合いになっちゃうの」
岳「ゲン君がもっと、小さいころは、オモチャを取らなかったのになあ……」
私「ゲン君が岳の思うようにならなくなった、というわけね」
岳「うん。でも、ゲン君が大きくなって、ボール投げなんか、できるようにもなったしなあ。オニごっこしたり、電車ごっこするのもおもしろいよ」
私「そうか。本当はいまのほうが、楽しいのね」
岳「うん……。でも、ボクのオモチャ、取られるのはいやだな。全部、取りあげるんだもん！……。だけどね、ときどきはボクのほうから、『ゲン君、どうぞ』って、貸してみようかなあ？　そしたら、取り合いにならないかなあ？　ねえ、どう思う？」
私「ときどきは、貸してあげるといいかもしれない、と思うわけね」
岳「うん。そうなるといいなあ。やってみるよ！」

私「そうね」

こんな兄弟ゲンカは、これまで私のところまで持ちこされることはありませんでした。というか、すべてパパがかたづけていました。私はそれに甘えていたのか、ちょっと考え直しました。

二人とも、もっと小さいときはともかく、最近の兄弟ゲンカの間に入ったのは、ほとんど初体験でした。『親業』を習って、子どもの気持ちに耳を傾けることが、大切だとはわかっていました。でも、岳の気持ちを聞きながら、本心は不安が半分――いや、それ以上に不安でした。「そんなに、うまくいくはずがない」と、心の隅で思っていました。

でも、なんということでしょう！　最初はぎこちなく、岳の気持ちを聞いていたのですが、岳は実に素直に、気持ちをいってくれたんです。

これまでにも、パパが仕事で、子どもたちの相手をできないことはありました。そんなときは、私はつい岳にあたってしまったものでした。

「岳ちゃん。ゲン君はまだ赤ちゃんなんだから、もっと上手に遊んであげなさい。おにいちゃんなら、そのくらいできるでしょ!?」

そういうたびに、岳はふくれっ面をして、ますます意地になり、元をイジメようとしたことが多かったのです。元は泣くし、私が怒り、その私に怒られた岳が、また泣きはじめる——修羅場のようになったものでした。

パパは、そんな二人の兄弟を、泣かせず怒らせず、実にうまく、遊んでいたのです。どういう方法を、使っていたのかはわかりませんが、それなりに大変だったんだろうな、とパパの立場を、このとき本当に思いやりました。

と同時に、私は安心しました。兄弟ゲンカはしても、岳は元のことを、けっこう真剣に考えていることが、わかったからです。もし私が、岳に「おにいちゃんでしょっ！」とどなりつけていたら、わからなかったなあと思いました。

おかあさんの隣りに寝たい

寝るしたくがいつも遅い娘と話をしてみたら「ユウレイがでるからこわい」と意外なことば

大石　奈美子（栃木県・幼稚園教諭・29歳）

毎晩のように、だれが私の隣りに寝るかで、四人の子どもたちが、ふとんの陣とり合戦です。といっても、私の左側の、夫との間は三男の裕彦（1歳）の指定席。まだ赤ちゃんなので、ほかの三人の子どもたちもそれは認めています。

問題は、私の右側の三枚のふとんです。みんな、できるだけ私に近いふとんで寝たいなんてとってもうれしくて、みんな私の隣りにしたいけど、それは無理です。〝早い者勝ち〟になってしまい、寝るしたくの遅い長女の未於《みす》（5歳）が、私から一番遠いところになることが多いんです。

この夜もそうでした。私のすぐ右側に、二男の成彦《しげひこ》（3歳）が、その右側には長男の公彦（6歳）が、それぞれふとんをしいてしまいました。

最後にきた未於は（またか。仕方ないな。まあいいや）という感じで、一番右側のふとんに入りました。でも、だんだん気持ちがおさまらなくなったようです。しゃくりあげて泣きはじめました。

どうしよう、困った、ほかの子どもたちが、目をさましてしまうかもしれないし……。私の両側の成彦と裕彦が眠ったのをたしかめて、私は自分のふとんを抜け出しました。そして未於のふとんに入って、話しかけました。

私「未於ちゃんは、おかあさんが一緒でないと、さびしいのね」
未於「うん。だって、シゲ君ばっかり、おかあさんのそばなんだもの」
私「シゲ君が、おかあさんのそばをとってしまったので、くやしいのね」
未於「うん、おにいちゃんだって……。あそこ、未於が先だったんだから」
私「おにいちゃんも、おかあさんのそばにいったから、くやしくて泣いているのね」

未於はだまったまま指をくわえました。これはこの子のくせで、いつも寝るときは指をくわえています。

私「ねえ、未於ちゃん。もっとお話して」
未於「あのね。夜寝ると、ユウレイが出るからこわいの」
私「ああ、そうだったの。ユウレイが出ると思っているのね。それで未於ちゃん、こわいから、おかあさんのそばにいたいのね？」

未於「うん」

私の隣りで寝たいんなら、早く寝るしたくをすればいいじゃないの。それを、のんびり着替えたりしているから、一番遠いふとんになるんじゃないの——と、私はこれまで思っていました。自分で努力しないで、そのあげくに、気に入らないで泣くなんて、それは〝わがまま〟だと決めつけていました。

でも、この夜に未於の気持ちを聞いて、そんな決めつけはいけないと感じました。ただ私のそばにいきたいというだけでなく、「ユウレイが出るからこわい」と、未於が思っていたのが、わかったからです。

大人の考えでは、ユウレイなんてバカバカしい話です。でも子どもにとっては、事実はどうであろうと、こわい気持ちがあるわけなんです。そんな未於の気持ちを、これまでまったく無視していたわけです。かわいそうにと思いました。

不安、おそれ、悩み、苦しみ——心配な子どもの心は、いろいろ揺れ動いているんだなと思いました。そんな気持ちになったとき、子どもたちは私に、「聞いて、おかあさん」というサインを出していたんだと思います。でも私は、そんなサインを「子どものわがまま」と決めつけてきたのではないのか、と反省しました。

その夜は未於と、もっといろいろ話しました。未於が、まだ赤ちゃんだったころの話、兄や弟たちのエピソード、私が子どものころに、どんな悩みを持っていたか……。そして神様は昼も夜も、未於を守っていてくださること……。たくさん楽しく話せたので、未於は安心して眠りました。

「子どもから学ぶ」と、よく聞きます。幼稚園で働いていても、先輩の先生がたから、たびたびいわれます。でもこれまでは実感としては、よくわかりませんでした。

でも『親業』を学び、この夜のように、子どもの気持ちを聞けるようになって、「子どもから学ぶ」ということがわかったように思えます。

教える者として、常に上に立って導いてあげよう。これまでの私は、たぶんそんな考えでいたんでしょう。そんな気持ちでいたら、とても「子どもから学ぶ」ことなど、できるはずがないと気づきました。

大人も子どもも、教師も園児も、みんなそれぞれひとりの人間。それぞれ独立して生きているし、個性を持っている。ひとりの人間同士として、話し、聞き、ともに考えるということが大切だと思います。

母が叱り父がおさめる兄弟ゲンカ

クレヨンの取り合いをはじめたが、兄の肩に手をおいて静かに話すと素直に納得しました

菅原　利生（岡山県・イラストレーター・36歳）

父親で『親業』を習うのは少数派です。訓練講座での体験談に出てくる父親は、だいたいが独善的で自分勝手で、そして父親が子どもを一方的に叱りつけたあと、母親が『親業』してまとまりをつける、という形が一般的です。

でもわが家では、そんな役割が正反対になっています。私が自由業で、家にいることが多いというせいなのかもしれませんが……。

克利（5歳）と光利（2歳）が、クレヨンの取り合いでケンカしたときのこと。

「貸してえ！」「ダメ！」「ボクのだ、ボクのだ！」「いやだ！　これはボクんだもん！」

あげくのはてに、光利が「ママーッ」と妻に訴えました。

妻「またまた、ケンカして……。おにいちゃん、貸してあげなさい！」

克利「やだよっ！」

ここで私の出番です。私は克利の肩に手をおきながら、いいました。

私「どうしたんだい？　おにいちゃんは、クレヨンで絵をかきたいのかい？」

克利「うん!!」

私「光利も、クレヨンが欲しいのかい？」

光利「うん！」

克利「光利は赤が好きだから、じゃ、これ貸してあげるよ」

以前は、妻だけでなく私も、克利に「兄なのだから、ゆずりなさい」と、押しつけていました。いま考えると、両親から強制されていた克利は、気持ちの持っていきどころがなく、親への反発ばかりが、強くなったのだろうと思っています。

訓練講座で知り合ったおかあさんたちの話を聞くと、ほとんどがマスコミや口コミを通してのようです。『親業』で〝変身〟した人が身近にいたとか、ほかの育児書に不満だったときにテレビで紹介されたとか。でも、私の動機は違っていて、ゴードン博士の『親業』の本を読んだのがきっかけでした。理屈として正しいと感じたからです。

そして訓練を受け、実際に子ども相手にうまくいくのがわかり、自分に自信を持ちました。最初は「なによ」という態度だった妻も、最近は少し関心を示してきました。

妹のコンビラックに乗りたがる

2歳の長女に、おねえちゃん扱いばかりではかわいそう。スキンシップで心の交流を……

黒岩 多加江（長野県・主婦・27歳）

長女のまい（2歳）のすぐ下に、まだ誕生日前のゆい（10カ月）がいます。どうしてもつい、ゆいの世話に追われ、まいには「おねえちゃんだから、がまんしてね」というふうになってしまいます。

まいはそれが不満なんでしょう。よくゆいのものにちょっかいを出して、私を困らせます。いつもはそんなまいを叱ったものでした。

今日もまいは、ゆいのコンビラックを、取りあげてしまいました。

「ゆいはまだ、歩けないのよ！ 危いじゃないの！」

これまでのように、まいにそういおうとして、私は考え直しました。まだ2歳のまいです。甘えたい気持ちも十分あるはずだ、と思ったからです。自分だって昨日までは赤ちゃんだったのに、妹がいるというだけで、〃おねえちゃん〃扱いですから……。

私「コンビラックに、乗りたいのね」
まい「うん」
私「赤ちゃんに、戻りたくなったのね」
まい「うん」
私「じゃ、ちょっとだけ、抱っこしてあげる」

やっぱりね――と私は思いました。自分より手のかかる、妹がうらやましかったんですね。妹の道具に触れていれば、そんな不満も多少は、いやされると思ったようです。でも、ゆいのものはゆいに必要です。コンビラックをまだ歩けぬゆいから、取りあげるわけにはいきません。

そこで、「抱っこしてあげる」といったのですが、うまくいった！　大成功です。まいのこれまでの不満が、嘘のように消えていくのがわかりました。私が抱いていると、まいは身体を丸めて目をつぶり、とっても安らかな表情になりました。

ゆいに比べれば、とにかく自分で立って歩けるし、ことばもしゃべれます。だからずっと大人のつもりでいましたが、まいもまだまだ小さい子。抱いてみて、その軽さにあらためて思いました。まい、またときどきは、赤ちゃんしてもいいよ！

第4章 ケジメをつけてほしいとき

「早くしなさい」というのをやめた

グズで困った子と思っていたけど、子どもに任せたら、なんでも自分でするようになった

君原 敏子（福岡県・主婦・33歳）

理紗「ママ、何時にバスは、くるとね」

私「八時一〇分よ」

そう私が答えると、理紗はテレビの時刻を見ながら一生懸命、着替えました。顔も洗い、以前は私が袋につめていた給食のコップやフキンも自分で用意しました。

理紗「ママぁ、したくでけたよ！」

得意な顔です。そんなときの理紗は、にこにこして、とってもいいお顔。ああ、よかったなと、私は心から思いました。

少し前までは、こんな楽しい朝の風景なんて考えられませんでした。

私「早ようせんね！　バスがきてしまうとに」

とにかく、定時に幼稚園へいかせなくちゃ――私はそう思いこんでいて、理紗をせきた

てました。準備が遅れれば私が手を出して、給食用具を袋に入れるなどは、ほとんど私がしていました。

でも『親業』を学んでから、私は考えを変えました。理紗が幼稚園の送迎バスに間にあわなくても、私自身には特別の影響はない。影響を受けるのは理紗なのだ。それなら、何も私が理紗が遅れないようにと、とやかくいう必要はないとわかりました。

送迎バスの時間に間にあうか否かは、理紗に任せればよかったことでした。なのに、関係ない私がとやかく〝指図〟したりして、理紗の気持ちを一方的に、私が傷つけていたんだなと思い知りました。

なんのことはありません。私自身の問題ではないことで、私が勝手にイライラして、そのうえ理紗にまで、つらい思いをさせていたわけです。

送迎バスは、二つのコースがあります。今日は、理紗が乗るのは〝遅コース〟で、朝のしたくも、けっこう余裕があります。来月は〝早コース〟になりますが、理紗はそのことを、十分に承知していて、早起きするようにと考えています。本人に任せれば、子どもは自分なりに、考えるものだというのを知りました。

三カ月後には、理紗はピッカピカの小学生。もっと朝早くなるけど、がんばってね！

おふとんにおしっこしちゃったよ

一番悲しいのは娘なんだからと、気持ちをわかると、次からは失敗しなくなりました

中村　祥子（奈良県・主婦・26歳）

夜の十一時を、少しすぎたころのことです。私は夫の遅い夕食につきあって、食堂で夫と、とりとめない話をしていました。そのとき二階から、あかり（3歳）が泣き声で私をよびました。

あかり「ママーっ」

私「はいようっ、いまいくようっ。ママは下だよう」

さて、どうしたのかしら？　八時すぎに、私が絵本を読んでから、安心して眠ったはずだったんですが——。悪い夢でも見て、うなされたのかなと思いました。

あかり「ママーっ」

私「はいはい。どうしたの？」

いそいで二階の寝室へいって、私はあかりに聞きました。

あかり「おしっこ、でちゃった。ママのおふとんに、おしっこしちゃったあ」
私「そお、おしっこ、しちゃったんだ。ママのおふとんに、おしっこしちゃったんだね。どうしようと思ったんだね。だいじょうぶ。ママ、すぐ直すからね」
私がこういうと、あかりはピタリと泣きやみました。ぬれたパジャマと下着を着替えるために、私はあかりを下へつれていきました。
あかり「パジャマ、おしっこでぬれちゃったあ」
私「寝る前に、お水たくさん飲んだから、おしっこが出ちゃったんだね」
あかり「うん」

着替えさせ、トイレにいかせました。そして予備のふとんを用意して、あかりを寝かせました。手をにぎりながら、しばらくお話をしていると、やがてあかりはすやすやとかわいい寝息をたてはじめました。

おねしょは後始末が大変です。それにクセにもなるし——と、前の私だったら叱りつけていたところです。でも一番つらくて悲しいのは、本人のあかりだと気がついてから、叱るのをやめました。夜にたくさん水を飲むと、おしっこが出ることを、あかりはよくわかったのだと思います。それからは、自分で注意するようになりました。

高い所にある園服に手が届かない

自分のことは自分でするようになった娘とゆつくり話をしてみて、親のいたらなさを痛感

葛岡　照子（愛知県・共働き主婦・32歳）

みき（5歳）は幼稚園の年少組です。入園して半年もたつというのに、これまでは私が準備しないと、幼稚園へは出かけられませんでしたから、いつもイライラさせられていました。『親業』で「わたしメッセージ」を勉強し、これを活用してみようと、三日ほど前に私はみきにいいました。

私「みきちゃんが、自分で幼稚園の用意をしないと、おかあさんがしなければならないでしょ。そうするとおかあさんは、自分のお勤めの用意が遅れて困って、イライラしてくるの。みきちゃんが、自分で幼稚園の用意をすると、おかあさんは助かるし、イライラしないですむし、とってもうれしいんだけど」

みき「ふうん？　そうなの。じゃ、自分でするよ」

わりとすんなりと、みきは私の気持ちを理解してくれました。そしてこの三日間は、自

分できちんと園服を着て、持ちものも用意するようになりました。

この日の夕食のとき、私はみきに、自分で幼稚園の用意をしているので、とてもうれしいことを、再び「わたしメッセージ」で、伝えようとしました。

私「このごろ幼稚園へ出かける用意を、みきちゃんがするので、おかあさんは朝、イライラしなくて、助かっているのよ」

みき「自分でするよ。でも、園服はとりにくいんだよ。だって、高いところにあるから」

私「高いところにかかっているから、大変なんだ」

みき「そう。前は箱があったから、それにのればとれたよ。でもいまはその箱がないの」

私「その箱がいまはないので、困っているのね」

みき「箱がなくても、ミキの手がとどく低いところにあればいいんだ。おかあさん、低いところに服をかけるところつくって」

園服が高いところにかかっているのでみきは大変な思いをしていたのです。

子どもは大人より小さい――このあたりまえのことに、気づいていなかったんです。みきは、高さの不満を口にしただけでなく、自分で考えて解決策を出しました。

夕食後、私はさっそくみきの洋服ハンガーを、三〇センチほど下げました。ときどきは意識的に私も子どもの目の高さで見ようか、と思いました。

（「わたしメッセージ」については223ページ以降を、「能動的な聞き方」については219ページ以降を、それぞれ参照してください――監修者）

オモチャなんか嫌い！と、けとばす

「ママかたづけといて」が「一緒にかたづけて」に変わった。私の聞き方がよかったのかしら

川口 春子（群馬県・主婦・26歳）

「理恵、寝るぞう」

隣りの部屋から、ふとんに入っている夫の声が聞こえました。夜の九時すぎのことです。理恵（2歳）はオモチャをたくさん出して、遊んでいました。私もそろそろ理恵を寝かせたいが、どういおうかと考えていたところでした。

理恵「ママあ、戸、あけてよう」

部屋の間の戸は閉じたまま、小さな理恵は、自分では開けられません。

私「パパのところへ、いきたいのね？」

理恵「そう。パパのところへ、いくぅ」

私がすぐに戸を開けてやらないので、理恵は泣き声になりました。

私「オモチャ、おかたづけしてね」

理恵「いやっ、嫌い！　オモチャなんか」（オモチャをけとばす）
私「オモチャ嫌いなのね？」
理恵「嫌い！　ママ、かたづけてよ」
私「かたづけるのが、いやなのね？」
こういうと、理恵は少し考えていましたが……。
理恵「かたづけるの、手伝ってくれる？」
私「手伝って、ほしいのね」
理恵「一緒に、しようよ」
私「うん、うん」

いままでは、私はさっさと戸を開け、しかめっ面で「寝なさい」といったものです。そして仕方ないなと思いながら、私があとかたづけをさせられていました。

「手伝ってくれる？」と、理恵がいったときは、しめた！　と思いました。そして実際に親子二人で仲よく、お互いにいい気分で、オモチャをかたづけました。

二歳の子を相手に、本当に『親業』ができるのか、私は疑問に思っていました。でも相手の年齢に関係なく、問題が起きたときには役立つ、と実感しました。

夕食前に「なんか食べたい」と

いい方を少し変えて、落ち着いて話をすると「がまんするから早く夕食作って」と娘も納得

山口　圭子（静岡県・主婦・28歳）

幼稚園から帰った和美（4歳）が、おやつが欲しいといいました。帰りが遅かったので、「夕食のあとにしたら」と、私はいったんですが——。

和美「おかあさん、何かおかしが食べたい！」

私「おなかがすいたのね。いますぐ、ごはんだから、少し待ってね」

和美「でも、おなかペコペコで、待てないよ」

私「いま、和美がおかしを食べて、おかあさんが作った夕食を、食べられないと、おかあさん、がっかりしちゃうな」

和美「うん。じゃ、おかしはがまんするけど、甘酒が飲みたい！」

私「甘酒が欲しいの？　でも、甘酒をあたためなきゃいけないと、食事のしたくが遅くなって困るわ」

和美「うん。じゃあ、がまんする。おかあさん、夕食、大急ぎだよ」

私「和美、ありがとう。和美にわかってもらえて、おかあさん、とってもうれしいな」

以前の和美は、いいだしたらききませんでした。それなのに、私のことばがちょっと違っただけで、対応がまったく違ってきたな――と、実感しています。

これまでの和美が、嘘のように、ものわかりがよくなりました。

母親のことば一つによって、ずいぶん変わるものだと思います。まだ、『親業』を何回かしか、勉強していませんが、つくづくそう思います。

少しでも、〃いい親になりたい〃と、がんばってきました。その意味では、『親業』を学んでよかったと思っています。

もっと努力して、〃最高の親〃になりたいと、そしてますますがんばろうという気になりました。

夜あばれると近所迷惑よ

あり余るエネルギーを家の中で発散させる子どもたち。命令しないでやめさせられました

角田　佳代子（山梨県・主婦・31歳）

高行（6歳）といずみ（4歳）の二人兄妹です。仲がよくて、しかも元気がいいのがとりえなんですが、夜になってもときどき家の中を走りまわったり、あばれたりするので困っています。どこに、そんなエネルギーが残ってるのかしら。

夜はそんな物音が、よくひびきますから、ご近所迷惑です。「角田さんのお宅は、どんなしつけをしているの？」などとご近所に思われるのは、まっぴらです。それにやっと家事を終えて、夫が帰るまでゆっくりしたいのに、落ち着けません。

これまではいつも、「うるさい！　静かにしなさい！」と、どなったものです。一時的には静かになりましたが、またすぐあばれて、あまり効果はありませんでした。

私「あなたたちが家の中であばれると、隣の人に『うるさい』と思われないかと心配で、いやなの」

高行「ずっとじゃないから、いいでしょ」
私「でも、夜に大きな声を出したり、ドンドンしたりすると、隣りの人に聞こえて、うるさいと思われたら、おかあさん、困るのよ」
高行「ふうん？ 隣の人、『うるさい』っていうの？」
私「いわないけれども、思われたらいやだなあって、おかあさんは思っているの」
高行「そうか。隣の人に、うるさいと思われるのは、おかあさん、いやなんだ」
私「そうなの」
高行「うん。いずみ、もうやめとこう」

命令はしないで、自分が困っている気持ちを、素直に相手に伝える――『親業』の「わたしメッセージ」で話してみたら、高行に私の気持ちが伝わりました。子どもたちは自主的にあばれるのをやめました。その夜はもう騒ぎませんでした。うれしかった！

それはいいのですが、あとで『親業』の先生から、高行が私に対して、「能動的な聞き方」をしており、立場が逆だと指摘されました。私の実践から子どもが学んでいるのですね。

白いごはんじゃ食べたくない！

祖父母に遠慮せず、娘の気持ちを聞いてよかった。食が細いと思っていたのに本当は……

石原　恵美子（熊本県・主婦・29歳）

夫はいつも仕事で遅くなり、夕食時には帰れません。この日も、おじいちゃんとおばあちゃん、私、それに娘の芹香《せりか》（3歳）で、食卓につきました。

芹香は食が細くて、せっかく作ってもちゃんと食べないことが多く、困っていました。それでも少し前までは、おだてるとわりと食べることもありました。でも最近は、おだてもきかなくなりました。

芹香がよく食べないと、おじいちゃんやおばあちゃんが、すぐに口を出してしまいます。そして、「なんでもおだてればいい」という調子で、ネコなで声で芹香に迫るのです。『親業』を学んで、そんなやり方ではききめがないと、私は知っています。でも、こちらは嫁、という立場もあります。また、せっかくいってくださるのに、逆らうのは申しわけないような気もして、なかなか私が口を出せませんでした。

芹香が食べないのにイライラし、また私自身が口を出せないのにもイライラして、食事のたびに、いやな思いをするんです。それに、芹香の少食は私のしつけ不足のせい、とおじいちゃんやおばあちゃんに思われるのは、たえられません。

案の定、このときも芹香は、食事をいやがりました。

「ごはん、いらない」

おじいちゃんとおばあちゃんは、一瞬、またかという表情で顔を見あわせました。でもこの日は、もうサジを投げたのか、すぐには何もいいませんでした。

チャンスだわ！　と私は思い、芹香に話しかけました。

私「芹香は、いま、ごはん、食べたくないのね。さっき、おかし食べたから、まだおなかすいていないのね」

芹香「あのね、おなかすいているんだけど、白いごはんじゃいやだ」

私「そう、白いのがいやなのね」

芹香「私、ふりかけかけたら、食べるよ」

私「そう。本当は、ふりかけのかかったごはんが、よかったんだね」

食欲がないのではなく、ふりかけのごはんが食べたかったのか——と、私は芹香の、本

当の気持ちが聞けて、とてもうれしかったのです。そんな思いが、私の表情にも出たのでしょうか。芹香は急に、

芹香「私、こんなおかずも、好きだよ。3歳だから、三つ食べてみる！」

私「そう。芹香、三つも食べるのね。おかあさん、とってもうれしいなあ」

芹香「なんで？」

私「だって、芹香が喜んで食べられるように、おかあさん、一生懸命に作ったんだもの」

芹香「じゃあ、私、全部食べるよ！　ねえ、私、大きくなった？」

私「大きくなったわよ。おかあさんくらい、大きくなるわね、きっと」

芹香「大きくなると、おかあさん、うれしい？」

私「うれしいよ、とっても」

芹香「そうしたら、私、また食べるからね」

私「そう。芹香、また食べてくれるのね。じゃ、こんどまた、芹香の好きなもの作ってあげるからね」

うまく聞けたと思います。もともと食が細いとか、好き嫌いがはげしい——と私は思い

こんでいました。ところが聞いてみれば、そんなことではないようでした。ふりかけをかければ食べるなんて、大人の私には、思いもよらぬことでした。

おだてたりすかしたり、そんなことではダメだ。よく子どもの気持ちを聞けば、こんなにうまくいく——と、私は自信を持ちました。ふりかけくらいで、ごはんをたくさん食べられるんなら、おかあさん、いっぱい買ってきてあげるよ、という気持ちになりました。

それから、芹香がたくさん食べると、私がとてもうれしいことをいい、そんな私の気持ちを、芹香が受け入れてくれたのも、とてもうれしかった！

おじいちゃんとおばあちゃんは、このとき口を出さずにいてくれました。二人とも、私が芹香の本心を聞き出すと、キツネにつままれたような顔になりました。何がどうなったのやら、わけがわからない、というような表情でした。

もう、夫の両親の前だからといって、あまり遠慮はすまい。少しずつ、『親業』を認めていってもらおうと、自信を持つことにしました。

あとで夫に話したら、

「おめでとう」

といわれ、感激でした。

帽子かぶったまま髪洗うの？

なかなか髪を洗わない長女にうんざりしていました。でもせきたてるのをやめると素直に

白崎　美智代（和歌山県・主婦・35歳）

娘の尚子（2歳）と、おふろに入ったときのことです。私は、「尚子の髪、汚れてるから洗わなくちゃ」と、思っていました。でも尚子は、帽子をぬぎません。

うちは子どもが三人で、尚子の上に敬介（9歳）と秀人（4歳）がいます。上の二人は、スイミングスクールに通っていて、水泳が得意なほうです。そんな兄たちの影響か、尚子も水泳帽を、かぶったままでした。

私「今日、おかあさんは、髪の毛を洗うわ。ナオちゃんは？」

尚子「ナオちゃん、洗わないよ」

私「ナオちゃん、洗わないの？　くさいでしょ？」

尚子「洗わないもん！　だって、いやだもん！」

私「髪の毛を洗うの、いやなの？」

尚子「うん。だって、帽子とるの、いやだもん！」
私「帽子をぬぐのが、いやなの？」
尚子「うん」
私「じゃ、帽子かぶって、洗える？」
尚子「洗えるよ！」
そういって、尚子はシャンプーしようとしましたが、帽子がじゃまです。それに気がついて、尚子は帽子をとって頭を洗いはじめました。
尚子「ほらね。おかあさん、自分でシャンプーできるよ。ねっ、おかあさん！　お湯かけて」

これまでは、無理やりに尚子を追いかけ、つかまえて頭を洗っていました。それでいいと、私は思っていました。

でも、本当は違うんだな、と思いました。ことによると、私は尚子の気持ちなど無視して、私の気持ちを押しつけていたのではないのかな、と。たぶん、私が焦っていたのでしょう。

いまの私は、焦りすぎていた私、せきたてていた私のことを、心から反省しています。

テレビ見る回数、守れるかな

兄、姉、弟それに私とみんなで決めたルールです。お互いに納得できてほんとによかった

金子　瑞江（山口県・主婦・39歳）

私「ママ、困っていることがあるのよ」
道則「なあに？」
私「ミッ君のテレビのことなんだけど、いつかみんなで約束したわよね。午後八時までの時間で、二つしか見てはいけないって。あの決めたことが、どうも守られていないなって、ママには思えるの。ママ、ミッ君の目が悪くならないかと心配でね。どうしたらいいか、みんなで話し合ってみない？」
道則「ふうん？」
私「それにね、ママ、今日の勉強会で、だれも勝ったり負けたりがなくて、楽しく解決できる方法があることを勉強してきたのよ。やってみない？」
道則「やる、やる」

夕食後、私は台所で洗いものをしながら、二男の道則（5歳）と、こんな話をしてみました。約束が守れないのは困りますし、テレビの見すぎで、目が悪くなるのもとても心配ですから。道則は機嫌よく話にのってくれました。

洗いものを終えてから、私は道則とさっそくはじめてみました。

私「ミツ君は、どんなふうにしたらいいと思うか、いってみてごらん」

道則「ええと……。テレビ見たあとは、遠くを見れば、目は悪くならないでしょ。それから、テレビは交代で見れば、いいんでしょ。テレビ、消しちゃってもいい」

ちょっと要領をえませんが、道則は道則なりに考えてくれました。ちょうどそこへ長女の衣子《きぬこ》（9歳）がきて、助け舟を出してくれました。

衣子「そういうことなら、表をつくったらいいと思う。新聞の番組欄に、その日見たいものに、色をぬるのもいい。見てるとつい夢中になっちゃうから、おかあさんが時間を教えてくれたほうがいい……。それから、ミツ君は家にいる時間が長くて、それだけたいくつすることもあるでしょ。二つだけじゃ無理だと思う。三つにふやして、そのかわりにおまけはなし、でどうかな？」

私「そうね。でもたいくつなときは、レゴをしたり、ママの手伝いをしてくれたって、いいと思うんだけどね」

わいわいやっていると、長男の達彦（13歳）までやってきて、とうとう〝家族会議〟のようになってきました。わが家のテレビは一台だけで、みんなも見ることだし、話し合っておけば、チャンネル争いの事前防止策にもなるかなと思いました。

達彦「うん、僕は、なんのテレビを見たいのか、それぞれ書くのがいいと思う」

私「ママはね、みんなを怒るんじゃなくて、ほめたいのよ」

衣子「つまりママは、はげましていくほうがいい、ということなのね」

ひととおりみんなの意見が出たところで、表にしてまとめました。そして、次のようにするようにみんなで同意しました。

①表にして、何を何回見たのか、○をふやしていく。

②新聞の番組欄に、何を見るのか、それぞれの色をぬる。

③何を見たかを書く。

④道則だけは、夕食前と夕食後に、合わせて三つ見てもよい。

結局、道則が最初にいった意見は通りませんでした。でも自分だけ三つ見てもいいことになり、うれしかったようでした。

最初は、道則の問題だから、私と道則だけで話し合うべきだと思っていました。でも上の二人が入って、お互いに納得したり、注意したり、はげましあったりして、結果的にはよかったと思います。

この話し合いから二日後のことです。たいくつした道則は、約束を忘れて四つめの番組を見ようと、テレビのスイッチを入れました。

私が叱らずに、約束したときのことをあらためて話したら、

「ママ、二階へいってくる」

といって、すんなりとテレビを消してくれました。そして元気よく階段をのぼっていきました。自分が参加して、意見をいって、そして納得したことだからと、自覚してくれたようです。とてもうれしい気持ちになりました。

このように、だれもが勝ちも負けもしないやり方でものごとを決めていくのは、楽しいし、いい方法だと思います。もし、この方法で決めたことがうまくいかなくても、だれも怒ることはありません。もう一度、同じようにして、いい方法を見つけていけばいいのです。それを説明し、子どもたちが納得して、とてもいい気分です。

親子共々、明るく生活していく、とてもいい方法だとつくづく感じました。

第5章 親の都合と子どもの心

一緒にいこうって約束したのに！

父親においていかれて怒る息子。くやしい気持ちを全部吐き出させるため、私は聞き役に

溝口　初代（佐賀県・主婦・45歳）

久夫（22歳）、真樹子（13歳）、秀和（7歳）、貴将《たかまさ》（4歳）の、三男一女の母です。こんなきょうだい構成だと、末っ子の貴将はどうしても甘え気味になります。

夫はテニス好きで、かなりの腕前です。その日は日曜でしたが、テニスの指導員研修があり、出かけることになっていました。

貴将は夫のテニスに、ついていきたくてたまりません。でも、小さい子はじゃまになります。「そのうちに」「こんどな」と、夫は適当にごまかしていました。貴将にすれば、この日こそ「こんど」のつもりだったようです。

でも、指導員研修に子連れは無理です。夫は「今日は仕事」とごまかして、貴将の目をぬすみ、こっそり出かけようとしました。それを貴将が見つけ、大騒動です。

そのとき私は、台所で昼食の用意をしていました。貴将ははだしで外に座りこみ、泣き

わめいている様子。長女の真樹子がそれを、なだめていたのですが……。

貴将「おとうさん、ボクをおいてったあ！　つれてってくれないー！　つれてくって、いったのにぃ！　絶対いくう！　いくもーん！」

真樹子「おとうさんはお仕事だから、すぐ帰ってくるからね。タカちゃん、わかんないこといっちゃダメ。おねえちゃんが、遊んであげるから」

貴将「いやぁーっ！　お仕事じゃない！　テニスだもん。テニスのボール、たくさん積んだもんーっ！　ボク、こんど、つれてってくれるっていってたのにぃー」

真樹子「そんなに大きい声じゃ、耳が痛いじゃぁ」

泣き叫ぶ貴将を、真樹子は抱いて台所へつれてきました。泣き声は、ますます大きくなりました。

私「真樹ちゃん、ありがとう」

そういって、私は貴将を抱きとりました。そして、頭をなでながら、

私「うわあ。よっぽどいきたかったんだね。それなのにおいていかれて、くやしかったんだね」

貴将「お仕事じゃないものー。テニスだものー。いきたいんだものー。絶対に、いきた

いんだ！」

泣きやみません。「いきたい」をくりかえします。

私「テニスなのに、仕事だってウソつかれたから、くやしいんだよねえ。だから、そんなに泣いているんだね」

貴将「いきたいよー。いきたいよー」

私「よっぽど、いきたかったんだね。でも、おかあさんも困っちゃうな。おとうさんは今日はテニスのお勉強で、夜まで帰れないから、タカ君をおいていったんだけど。タカ君にそういってくれれば、よかったのにね。でも、タカ君に泣かれるのがいやでウソをいったのね。でもタカ君に泣かれると、おかあさんも、悲しくなっちゃうな」

そういうと、貴将の泣き声は、低くなりました。でも、まだメソメソしています。

私「タカ君は、いきたかったのに、だまされたんだもの。泣きたいくらいくやしいよねえ」

貴将「おかあさん、ボクが夜いないと、さびしいの？」

私「そりゃ、タカ君がいてくれたほうが、おかあさん、うれしいよ。タカ君、やさしいね、ありがと」

貴将「いいよ、いいよ。まかしといて！」

最初はどうなることやら、という気持ちでした。だまされた、おいていかれたという貴将のくやしさが、痛いほど感じられました。そんなくやしさを、本当に私がなだめることができるかどうか、まったく疑問でしたから。

とにかく、「能動的な聞き方」で、貴将の気持ちを聞き、それを私が受けとめる、ということに気を使いました。そして、いうだけいわせた後に、私のいいたいことを、「わたしメッセージ」で伝えようとしました。泣きやまなかったので、私の気持ちが伝わらなかったのかとも思いましたが、うまく聞いてもらえました。

夫が夜も帰れないこと。その夫についていったら、貴将も夜に帰れない。それがわかったから、「ボクが夜いないと、さびしいの?」と、貴将はいってくれたんですから。

あとで『親業』の先生から、「能動的な聞き方」から「わたしメッセージ」への切りかえがよくできた、と言われました。そして、真樹子の対応と私の対応の違いを、指摘されました。真樹子の対応は、以前の私の対応と同じと思いあたりました。

(「能動的な聞き方」は219ページ以降、「わたしメッセージ」は223ページ以降をそれぞれ参照してください——監修者)

大声でダダをこねて動かない

友人とその子の困った様子を見て、私なりに子どもの気持ちに耳を傾けたらうまくいった

堀井 たまみ（東京都・デザイナー・34歳）

友だちの悠子（34歳）と、原宿で会いました。悠子は離婚して、いまは康隆《やすたか》クン（4歳）と、二人で暮らしています。

三人で食事をして、いざ別れようというときに、やっちゃんがぐずりました。

康隆「たまちゃんの、うちにいく！」
悠子「今日はダメよ」
康隆「いやあ！ たまちゃんの、おうちにいくの！」
悠子「ダメ！ そんなわからないこというと、もうたまちゃんに、会えないよ」
康隆「いやあ。いやだあ。いくんだものー！」

大声をあげ、やっちゃんは道路の上でストライキをおこしました。未婚の私は、こんな

場面にはなれていません。しばらくは途方にくれて、親子のやりとりを見るだけでした。

実は私は、この日に仕事があって、「じゃ遊びにおいで」とは、いえませんでした。でも出かけるまで少しあるので、少しはつきあってもいい、という気持ちもありました。

私「やっちゃん、たまちゃんのおうちへきたいのね」

康隆「うん。いきたいんだもの」

私がそう声をかけると、路上ストライキをしていたやっちゃんは、さっと立ちあがり、歩きはじめました。

これには私の方が、驚きました。

一カ月前から、私は『親業』を、勉強しはじめました。いろいろ習いましたが、このときは『親業』のことは、まったく意識にありませんでした。なにげなくいった、私のひと言でやっちゃんは歩きはじめて——あとで、これは『親業』のいい方だと、わかったのですが……。

やっちゃんはレストランのある四階で大騒ぎでした。やっとなだめて、エレベーターで一階へ下りても、まだ自信はありませんでした。やっちゃんは、私のうちへきたがっている。でも、私はこれから、仕事がある。さあ、どうする？

エレベーターの中で、やっちゃんの手をにぎりながら、私の頭は混乱していました。どうしようか？　それとも、仕事をすっぽかしちゃおうか？

康隆「やっちゃん、たまちゃんのおうちにいくんだよ」

ああ、やっぱり――エレベーターが一階に着いて、私は悠子と、顔を見あわせてしまいました。困ったね。どうしよう？

私「やっちゃん――。たまちゃんは、困っちゃった。一緒に考えてくれる？　やっちゃんは、たまちゃんのうちに、きたいんだよね？」

そういうと、やっちゃんは〝こくん〟と、うなずきました。

私「でも今日はね、これからたまちゃんは、お出かけしなくちゃいけないの。それにね、やっちゃんのおうちには、ママのおねえさんもくるでしょ？　どうしたら一番いいか、やっちゃんにも考えてほしいんだ。どう思う？」

悠子「やっちゃんが帰らないと、おねえさん、おうちへ入れないでしょ!?」

ああ、無用のひと言――と思いました。案の定、やっちゃんはしばらく考えていましたが、ペタンと床に座りこんでしまいました。

私「ねっ、やっちゃんは、たまちゃんのおうちに、きたいと思っているのね。たまちゃんも、きてほしいなって、思っているのよ」

康隆「うん！」
私「でも、今日は、やっちゃんのうちに、おねえさんくるし、たまちゃんもお出かけのご用があるの。やっちゃんがきても、ゆっくりできないね。だから今日は、やっちゃんはおうちに帰って、おねえさんと会ってはどう？　たまちゃんのおうちには、違う日にくるのはどう？」
康隆「うん」
私「別の日に、いらっしゃい。たまちゃん、待っているから」
悠子「やっちゃん！　ミッキーマウスのTシャツ、持ってるでしょ!?　あれを、たまちゃんに、見せてあげようね。あのTシャツ着るころ、たまちゃんちにいこうね」
康隆「うん。Tシャツ着ていく。いつ？」
私「すぐよ」

やっちゃんはやっと、駅へ歩きはじめました。後日、悠子から、「さすが親業だわ」と、いわれました。未婚の私がやっちゃんとこんなにコミュニケーションをとれたのも、親業を知っているという自信があるからかもしれません。

勝手にチャンネルを変えないで

悪気はなかったのだが、うっかり子どもの気持ちを無視してしまった。どうしたらいい？

遠藤 栄子（福島県・主婦・34歳）

二月のなかばの夜のことです。息子の健太郎（5歳）が、こたつにあたってテレビを見ていました。私と夫はしばらくダイニングで雑談したあと、テレビのある居間へいきました。健太郎が見ていたのは、大人向きの映画でした。

なんでこんな映画、見ているのかな？ 私はちょっと不思議でした。夫もそう思ったんでしょう。リモコンでチャンネルを変え、冬季オリンピックのアルペン・スキー競技の衛星中継に変えました。ちょうど、ゼッケン一番のスイスの選手が、スタートするところが映りました。ところが、健太郎は、へそを曲げて、こたつにもぐってしまいました。

私「健ちゃんは、テレビがオリンピックのテレビになって、腹を立てているのね」

健太郎「うん」

夫「映画は、これが終わったら、見せてあげるから」

健太郎「これ終わるころには、映画も終わっちゃうよ」
夫「こんど、こういう映画はまたやるから、そのとき、見せてあげるから」
健太郎「オリンピックだって、あしたニュースで見ればいいじゃないか」
夫「ニュースでは、選手の一人ひとり、よく見られないんだよ」
私「健ちゃんは、この映画の続きを見たいのよね」
健太郎「うん。だってパパは、この映画を見るって、いったじゃないか。それなのに、こんどはオリンピックにしてさあ」
私「そうか。健ちゃんはパパが勝手にチャンネルを変えたのが、いやだったのね」
健太郎「そうだよ」
夫「そうか、ごめん、こんどから、チャンネル変えるときは、話し合って変えよう。健太郎は、おとうさんが見ると思って、映画にしてくれていたんだね」
健太郎「うん。そうだったんだ」

健太郎は、特に見たいテレビがなかった。そこでパパへサービスのつもりで、映画をつけておいた——やさしいんですね。それを夫にチャンネルを変えられ、悲しかったんでしょう。自分の気持ちが夫に通じ、健太郎の表情はやわらぎました。

子どもの気持ちがわからない

不機嫌な理由はなんなの? よく耳を傾けているはずだけど……。とにかくがんばります

岩国 幸子(福井県・主婦・35歳)

智香《ちか》(6歳・年長組)は、わが家の問題児です。なにかといえば機嫌をそこねて、困ったものです。

久しぶりの日曜日でした。夫も〝接待ゴルフ〟がなく、家族そろって夕方の食卓を囲んだときのことです。例によって、智香がグズグズしはじめました。

ちなみにわが家は、会社員の夫と私、長男の一男(7歳)、二女の美加(2歳)それに智香の、五人家族です。

私「あっ、また智香ちゃんのおメメが、三角になってきたよ。どうして? 智香ちゃんは、ごはんのときになると、おメメが三角になるんだね? おかあさん、智香ちゃんのおメメがどうしてそうなるのか、わからなくて、困ったな」

智香「…………」

私「ごはん、食べるのが、いやなのかな?」
智香「違うよ!」
私「じゃ、座わるところが、いやなんだ」
智香「違うよ……。それも、ちょっとはあるけど……」
私「ふうーん、座わるところも、ちょっと、気にいらないんだ」
智香「そうだよ。だって、美加ちゃんは、いつもおかあさんやおとうさんの、そばばっかりいくんだもん。自分勝手なところへ、いくんだもん」
私「そうか、智香ちゃんは、美加ちゃんがいつも、勝手な場所に座わるのが、いやなんだね。智香ちゃんは、どこに座わりたいのかな?」
智香「別に……」
私「ふうん? じゃ、どこでもいいのね? 美加ちゃんは小さいから、まだわかんないから、許してあげてね」
智香「うん!!」
私「ほかにまだ、美加のいやなこと、何かあるのかしら?」
智香「だって、おかあさん、私の話、聞いてくれないもん!」
私「あらっ? おかあさん、智香の気持ち、聞いてないのかねえ――おかあさんは、聞いているつもりだったんだけど……」

智香「違うよ！　私がお話しようと思っても、こっちを向いてくれないもの！」

私「そう。智香は、おかあさんが、ちゃんとお話を聞かないから、さびしいのね」

智香「うん」

子どもの気持ちに、耳を傾けよう。批判したり、皮肉をいったり、押しつけたりするのはやめよう――と、理屈ではわかったつもりでも、なかなか素直にはできません。このときも最初は「おメメが三角になった」と、つい皮肉っぽくいってしまいました。

聞くというより、自分の都合から、つい誘導しようという気持ちもあって、それがことばのはしばしに出てしまったような気がします。

でも、私が「聞きたい」と心から思って、そして聞く姿勢になっていれば、意外なほど子どもはよく話してくれるものだなと、少しずつ感じています。もちろん、まだ私の聞き方は下手で、子どものほうも、ぽつりぽつりくらいのテンポでしか、気持ちを出してはくれないのですが。

まあ、気長にゆっくり、いい親子関係にしていければと思っています。

なにも悪いことしてないのに

事実をたしかめず勝手に娘が悪いと決めつけた私に泣いて抗議。心の中でごめんねという

丹野　彩子（大阪府・主婦・29歳）

娘のしのぶ（4歳）は午後、公園で友だちと砂遊びをしました。夕方になって公園から帰るときのこと。わが家は二階なので、マンションの階段をのぼり、踊り場のところへきたら、しのぶが急に泣きだしました。

何が悲しいのか、私にはまったく思いあたることが、ありませんでした。私が、「どうしたの？」と聞くと、しのぶは泣き声を高くしていいました。

しのぶ「おかあさん、もう、大嫌い！」

私「どうしたの？　いままでなんともなかったのに……。いってごらん」

しのぶ「トモちゃんが、しのぶがさわったっていったとき、おかあさんが、『ごめんね』って、いったから！」

そういわれても、それがどうして泣くことになるのか、私にはちょっと、わけがわかりませんでした。

しのぶは、トモちゃんとユカちゃんと、三人で砂遊びをしていました。夕方になり、みんなでオモチャの、あとかたづけをしていたときに、ちょっとしたトラブルが、あったことはありました。

それぞれのオモチャ入れに、オモチャのスプーンやクマデなどを、しまっていたときに、しのぶがトモちゃんのスプーンに、ちょっと、さわったようでした。するとトモちゃんは、「しのぶちゃんが、さわらはる」といいました。さわられてはいやだ、という感じだったので、私はトモちゃんに、「ごめんね」といって、その場はすみました。

それでその場はおさまり、しのぶは特に何もいわず、私と手をつないで帰ったんです。だから、私が「ごめんね」といったのを、しのぶが気にしていたなんて思いもよりませんでした。

それでも、しのぶは泣きやんだので、家へ帰りました。それから、しのぶは何もいいませんでしたが、私のほうが気が落ち着かず、考えてみました。そして、そうかと思いあたりました。

あのときしのぶは、意地悪しようというようなつもりではなかったんだろう。何かの拍子に手がふれた。だから、しのぶは悪くなかった。それなのに私が、一方的にあやまったので、自分が悪いことをした、ということにされた――おそらくしのぶは、そう思ったんだろうと。

そこで夕食後、しのぶに聞いてみました。

私「あのとき、悲しかったの、おかあさんが、『ごめんね』って、あやまったからなの？」

しのぶ「しのぶはね、かたづけようと思ったの」

私「しのぶは、かたづけようと思って、さわったのに、トモちゃんは、しのぶが意地悪して、トモちゃんの持ってるものを、さわったと思ったのね。よくわかったわ。しのぶは、悪くなかったのよね」

しのぶ「そうだよ」

大人同士なら、ささいな気持ちのいき違いくらいですませるところです。でも、しのぶは自分が〝意地悪〟と思われて、本当にいやだったんだ、こらえきれなかったんだ、とわかりました。それも、母親である私が、事実をたしかめずに、勝手にしのぶのことを「悪い」ときめつけてしまった、と。

そのときは何もいわなかったけれど、家へ帰る道すがら、しのぶはずっと悲しみをがまんしていたんだ、とわかりました。そして、家のすぐ近くまできたとき、とうとう耐えきれずに泣き出したんです。そんなしのぶの気持ち、小さな胸に悲しみを無理やりおさえこんでいたしのぶを思い、私は心の中で「ごめんなさい」をいいました。

もっと早く気づいていたら、と後悔しました。トモちゃんが「さわらはる」といったときに、しのぶにどういうことだったのか、聞いていればよかった。

そういえば、トモちゃんは、何かというと、ほかの子どもに文句をつけたがる子だったわ、と思いあたりました。それにあのときは、トモちゃんのおかあさんもいて、私はつい〝大人の知恵〟で「ごめんなさい」と、瞬間的にいってしまいました。

しのぶが私を怒ったのは、ある意味では自己主張できることで、これはたのもしいとも思います。そして私は、もう少し、子どもの視点でものを考えようと思いました。

おかあさんも「待って」というよ

私自身、気づかなかった私のことばに、子どもが何を感じていたか、思い知らされました

神山　正子（静岡県・主婦・36歳）

彩《あや》（8歳）と陽介（5歳）と、おふろに入っていたときのことです。私は浴槽から出て、自分の身体を、洗い終わったところでした。彩はおねえちゃんらしく、もう私の手がかかることはありません。陽介は浴槽にオモチャを持ちこみ、遊んでいました。

私「陽ちゃん。洗ってあげるから、出ておいで」

陽介「待ってよ」

いわれて、私は少し、待ちました。でも陽介は遊びに夢中になって、浴槽から出ようとはしません。そのうちに彩は身体を洗い終わって、さっさと出てしまいました。

私「陽ちゃん、早く出ておいでよ」

陽介「待ってよ」

私「おかあさん、いつまでも、待ってはおれないよ。はやく出ておいで」

陽介「だって、おかあさんだって、いつも『待ってて』というじゃん」

えっ、と思いました。いつもそんなことをいっているかな？　それが陽介には、いやだったのかな？

私「おかあさん、『待ってて』というかなあ？」

陽介「うん。そうだよ！　今日だって、ボクが『本を買いにいこう』っていったら、『おねえちゃんのピアノ、聞いてるから、待ってて』と、いったじゃん」

私「うん。そうだったね。じゃ、どうしたらいいかなあ？」

陽介「おかあさんが、『待ってて』というから、ボクだっていうんだよ。おかあさんが、『待ってて』といわなかったら、いいよ」

私「おかあさんも、気をつけるわね」

陽介「うん」

子どもに、思い知らされた、という気持ちです。私としては、「ほんのちょっとだけ、待って」というつもりでも、陽介にはそれが、たまらなくいやだったようです。

ほんのささいな、大人のひと言に、子どもが傷つき、抵抗することもあると、このときわかりました。叱らずに、よく聞けたからだ、と思います。

私にも絵本いっぱい読んでよ

兄のために読みすぎて、妹には時間がなくなってしまう。怒る娘にいい方を変えてみたら

篠原　明美（北海道・主婦・37歳）

午後九時二五分。五分後には、肇《はじめ》（8歳）と妙子（6歳）を、寝かせる時間でした。いつも子どもたちを、寝かせるときには、私が絵本を読みます。私は、肇と妙子に、同じくらい読もうと思っているのですが、この日は、肇のために二五分も読んでしまいました。妙子の分は、あと五分くらいしか残っていません。

妙子だって、私に本を読んでもらいたいだろうに。でも肇のほうに時間をとられ、しかも私自身がノドが痛くなって、困った状態になっていて思うようにならず、私はイライラしていました。そんな、イライラの虫をおさえながら、

私「やっと、タエちゃんの番ね。おにいちゃんの本、今日はたくさん読みすぎて、おかあさん、ノドが痛くなっちゃった。あっ、もうすぐ九時半ね。おかあさん、困ったなあ。タエちゃんの本、早く読んで寝ようね」

妙子「ずるーい！　おにいちゃん、あんなにたくさん読んだのに……。タエにも読んでよ。ねえ……」
私「そうね。タエちゃんも、おにいちゃんくらい、読んでほしいよね。でも、おかあさん、時間も気になるし、二五分も読んで、ノドが痛いよ」
妙子「じゃ、のどアメ、持ってきてあげるよ」
といって、妙子は本当に、のどアメを持ってきてくれました。
私「わあー、ありがとう。じゃ、読むよ」
そして、私が三、四ページ読んだところで、妙子はいってくれました。
妙子「おかあさん、タエはね、ここらへんでいいよ！」
私「ごめんね。タエちゃんに、がまんさせちゃったみたいだね！　また、この分は、たくさん読んであげるからね」
妙子「うん、おやすみなさい」
以前なら、妙子にダダをこねられて、お手あげのところでした。『親業』を勉強して、いままでと違う態度で接すると、妙子は思いやりのある子どもだということがよくわかってきました。あまりにも素直な妙子に、私自身ビックリしています。

ボクのまんじゅうどこにあるの?

もう食べないと思って親が食べてしまうのはよくあること。あやまるしかありませんよね

松井　一二三（千葉県・主婦・38歳）

六月のある日曜日。長男の貴弘（10歳）は、夕方まで野球の練習でいません。二男の公人《きみひと》（5歳）と三男の昭彦（4歳）は、おやつを食べたあと、夫に庭で遊んでもらっていました。ひと遊びして家に戻ってくるなり、公人がいいました。

公人「あれっ？　おかあさん、ボクの残しておいたおまんじゅう、どこにあるの？」

私「えっ？　おかあさん、食べちゃった。ごめんね」

てっきり残したものと思い、もったいないので、〃太るかな？〃と思いながらも、もう私のおなかの中。いまさらいわれても、困ります。でも公人は、しつこくて……。

公人「どうして？　ボク、あとで食べようと思って、残しておいたのに」

私「おかあさんの、食いしんぼう、と思っているんでしょう」

公人「そうだよ。みんな食べちゃうんだからあ……。さっきのおまんじゅうが、欲しい

よ！」

やれやれと、私は思いながら、公人にあげられそうなものを探しにダイニングルームへいきました。公人は私を追いかけてきて、そばから離れず、すねています。

私「このおまんじゅうでよかったら、あるんだけど」

さっきのとは違うおまんじゅうを出して、公人の前に見せました。しかし、

公人「うーん。いや！　さっきのと同じの！」

私「困ったわ。どうしよう？　おかあさんが食べちゃったので、そんなに怒っているのね？」

公人「そうだよ」

私「おかあさん、公ちゃんがあとで食べるんだ、という気持ちがわからなかったから、いけないいんだね。本当にごめんなさいね」

公人「そうだよ。ボク、あとで食べようと、思っていたんだから……」

いいながら、公人はぐずぐず、しなくなりました。そして、

公人「それでいいから、ちょうだい」

私「ありがとう。こんど買物にいったら、きっと買ってくるわね」

公人「きっとだよ。忘れないでね」

私「じゃ、指きりげんまん」

約束して、私はカレンダーに、赤ペンでしっかり書きこみました。そして、私が新しくあげたおまんじゅうを、公人は、最初の不満がウソのような明るい顔に戻りました。昭彦に半分わけてあげたんです！　仲良くおまんじゅうを食べて、二人はまた庭へ出て、夫と元気に遊びはじめました。その後ろ姿を見ながら、私は思いました。

いままでにも、こんなことはよくありました。そんなとき私は、「仕方ないじゃない」「いつまでも、ぐずぐずいわないで」などといって、こちらの都合を押しつけてきたと思いました。だから子どもたちは、特に欲しくはないものでも、意地でも反発し、私を困らせようとしたんだ、とわかりました。

私が素直にあやまって、子どもの気持ちを聞くだけで、これまでとは正反対のいいムードの話になりました。相手に自分の気持ちを、わかってもらえれば、無理につっぱらなくなるものだと、このときつくづく感じました。

あとでこのことを、夫にも話そうと思っています。

ママと一緒に手をつなぎたい

いつまでも甘えん坊で困ると思い、わけを聞いてみたら、理由がありました。新発見です

吉沢　知子（神奈川県・主婦・27歳）

純生《すみお》（4歳）の幼稚園では、地区ごとに集団で登園します。子どもたちは、二人ずつ手をつないで、地区担当の先生に、引率されていきます。
ところが純生は、いつまでも私とつないだ手を離そうとしません。もう、幼稚園に入って、半年もたつのにです。困ってしまいましたが――。

純生「ボク、ママと一緒に、幼稚園にいく」（と、私の手を離さない）
私「ママと、おててつないで、いきたいのね」
純生「うん」
私「ママね、お洗濯物、干したいし、用事がいっぱいあるから、困ったな」
純生「でも、ボク、ママといきたい」
ほかの子も待っているので、私はしかたなく、純生と手をつないで、みんなの列のとこ

ろへいきました。しばらく列の中を歩いて、横断歩道へきました。
私「純生ちゃん。ママ、おふとんも干したいし、お洗濯物、早く干さないと、かわかなくなっちゃうんじゃないかって、心配になっちゃうの」
純生「ボク、先生といく! ママ、早くお洗濯物、干して」
ようやく純生は、私の手をふりほどいて、幼稚園へいきました。あとで、なぜ純生が、ほかの子どもたちと、手をつなぎたがらなかったのか、理由がわかりました。
純生は、元気がよすぎて、手を振りまわすので、お友だちが、手をつないでくれなかったんです!
そうだったのか――私は安心しました。そして、手のつなぎ方を教えたら、純生は、少しずつ〝おててつなぎ〟が、上手になりました。
こんなこともあるんだなあ――子どもを見ていると、毎日が〝発見〟の連続です。

おかあさん早く帰ってきて

《親業訓練講座》へ出かけた私あての手紙が玄関に。どうすれば娘のさびしい心を救えるか

垣内 恵子(岐阜県・主婦・34歳)

夫は仕事が忙しく、この日は日曜なのに、出勤していました。長男の武志(7歳)は友だちと朝から浜名湖へ遊びにいっています。私は昼から、『親業』の訓練講座へ出かけて、午後は娘の春香(5歳)一人が、家で留守番になりました。

私が帰宅すると、玄関のあがりかまちに、春香から私あての、手紙がありました。

——おかあさん。はやくかえって。わたしひとりで、さびしい。おかあさんをなかせたいくらい、さびしい。にかいでねているから、かえったら、すぐきてね——。

読んで、泣ける思いでした。私は服も着替えず、急いで子ども部屋へいきました。

私「春香ちゃん、ただいま。ごめんね。ひとりぼっちで、さびしかったのね」

春香「うん。はじめはね、タミちゃんやミサちゃんがいたけどね。雨がふってきたから、みんなおうちへ、帰っちゃった」

私「そう。雨がふるまでは、みんなと一緒にいたのね」
春香「うん。ゴムとびしてね。肩までとべたよ」
私「すごいね。肩までとべるようになったの？」
春香「見て、女とびだけどね」
こういって、春香はふとんの上で、真似をして見せました。
私「わあ、かっこいいじゃない！　おかあさんにも、教えて」
春香「いいよ。じゃ、下へいこう」
階段を下りると、春香は、あがりかまちに手紙がないのに、気づいたようです。
春香「おかあさん、手紙読んだ？」
私「うん。読んでね、春香ちゃん、一人でさびしかったなあと思った。だからすぐに、二階へいったのよ」
春香「ほんとに、すぐきた？」
私「ほんとに、すぐいったよ。春香ちゃん、お手紙にさびしいって、書いてあったからね。階段走って、のぼっていったんよ」
春香「よかった。おかあさん、早く帰ってきたから……。いまからゴムとびしよう。私が教えてあげるから」

私「じゃ、教えてね」

しばらく、私が遊び相手をしているうちに、春香はそれまでのさびしさを、ようやく忘れることができたようです。これで解決した、とそのときは思いました。でも、そうではなかったと、一週間後に知りました。土曜の夜。翌日は私が、《親業訓練講座》へ出かけます。先週と同じく、夫も長男も、日曜は出かける予定でした。

春香「おかあさん、またあした、お勉強にいくの？」

私「そう、昼からね」

春香「またわたし、おるすばん？」

私「春香ちゃんは、一人でお留守番は、いやなのね？」

春香「うん。ひとりでおうちにいるのは、さびしいもん」

私「そう。ひとりぼっちは、さびしいもんね。だけど、おかあさん、困ったなあ。どうしようかなあ？」

春香は、黙ったまま、答えてくれません。私も口を開かずに、春香自身で考えてほしいと、念じました。しばらくして、

春香「おかあさん、春香、おばあちゃんのところへいく」

私「そう。おばあちゃんのところで、待っていてくれるの。じゃあ、おかあさん送って

いくね」

おばあちゃんは夫の母で、一キロほど離れたところに住んでいて、よく遊びにいくのです。自分で考えてくれて、ありがとう！

春香「うん。トモちゃん（一つ歳上のいとこ）とも、遊べるもんね。だけど、おかあさん、お勉強おわったら、すぐむかえにきてね」

私「うん。終わったらすぐ、おばあちゃんのところへいくね。よかった、おかあさん、お勉強にいけて。春香ちゃん、ありがとうね」

皮肉なものです。私自身が、いい母親になりたいと、『親業』を勉強しはじめたのに、そのことが春香に、「一人でさびしい」という、問題を起こしてしまったんですから。

私としては、よく聞けたと自負しています。春香のさびしい気持ちが、痛いほどよく感じとれました。でも、だからといって、『親業』へいくのをやめるわけにはいきません。約二カ月ですから、その間は、何かほかの解決策がいるわけです。

これからも、春香はさびしがるでしょう。そのつど私の状況を説明しながら、いい解決策を考えようと思います。いつもおばあちゃん、とはいきませんから。

大好きなオモチャを忘れて帰る

ないよぉー、欲しいよぉーと泣いていたのに がまんすると聞き分けたうえに、あくる日は

谷口　広江（兵庫県・主婦・28歳）

知也《ともや》（2歳）と、誠也《せいや》（6カ月）をつれて、『親業』の訓練講座に、通っています。

先週のことでした。知也は、自分が一番気にいっている、ミニカーを持っていきました。ところが帰りに、そのミニカーを忘れてしまったんです。気がついたのは、家に帰ってから。いつものように、ミニカーで遊ぼうと、オモチャ箱をさがしました。

知也「おかあさん、トモ君のミニカーが、ないよ！」

私「トモ君のミニカーが、見つからないの？」

知也「うん、そう。遊びたいのに、見つからないんだもん。ミニカー、欲しいよ！」

私「そうね。トモ君のミニカー、欲しいわね」

知也「そうだよ。……でも、ないのは仕方ないから、これでがまんするよ」

よかった！　と思いました。なくなったミニカーのかわりに、知也は違うのを出して遊

びはじめました。

ところが、このあと、すばらしいことが起きました。

次の週の、《親業訓練講座》へいったときのことです。知也は、新しく二つのミニカーを持っていきました。それにあきて、知也はほかの遊びをはじめました。ミニカーはそのまま、畳の上においたままでした。

知也の大事にしているミニカーを、同じ講座にきていた3歳の女の子が、持っていってしまったんです。それも、ふすまの陰へ隠してしまいました。

戻ってきた知也は、「ボクのミニカーがないよお」と、泣き叫びました。取った相手は、はっきりしています。「返してよお」と、知也は泣きながら、いいました。

私「欲しかったら、ルミちゃん（ミニカーを持っていった女の子）に、いってごらん」

知也「うん。ルミちゃん、返してよお」

ルミちゃんはミニカーを返してくれましたが、ちょっとさびしそうな顔でした。すると、

知也「ルミちゃん、これ貸してあげるよ！」

とてもステキな、子どもたちの会話でした。思わず、「二人とも大好きよ」と、ほおずりしたい気持ちになりました。子どもの考えることって、いつも本当にステキです。

気持ちが通じ合うってステキ

生後10カ月の息子は自分の気持ちを体で表現できます。でも私のいい方が悪いとダメです

藤田　真弓（長野県・主婦・27歳）

孝夫（生後10カ月）は、まだことばを話せません。そんな孝夫が、消防車の絵本を見ながら、私に話しかけて（？）きました。私はアイロンをかけながら応じました。

孝夫「ウー、ウー、ウーッ」（本を見ながら、声をはりあげました）

私「ああ、消防自動車だね。ウー、ウー、だね」

孝夫「ウー、ウー」（こんどは、違うところを、指さしました）

私「（身を乗りだして見ながら）ああ、これね。散水車もあるんだね」

そういうと、孝夫は得意そうでした。そして、また違うページをあけて、私のほうを見ました。私はアイロンのほうも気になっていたので、よく見ないで答えてしまいました。

私「うん。消防車、すごいね」

ところが孝夫は、イヤイヤをして、怒った顔になりました。そして、私のほうを見なが

らしきりに、何かいいたそうでした。困ったな。アイロンもあるし——とは思いましたが、孝夫が見ている本に、目を向けました。私がそうすると、孝夫は私に「何かいって！」というような顔をしたんです。

よく見ると、消防は消防でも、消防用の〝ヘリコプター〟でした。これでは、孝夫が怒るのも、無理はないと思いました。だから、

私「ヘリコプターだったね。そう、飛んでいるのね」

そういうと、孝夫はうなずいて、にっこり顔になりました。

『親業』を勉強して、長女（4歳）とのコミュニケーションに、活用できるかなと思っていました。『親業』の〝三本柱〟は、会話が主だからです。それなのに、満足にしゃべれない孝夫にも、通じたなんて、本当にビックリ！　感激しました。

そして、思いました。まだ1歳にもならないのに、ことばも満足にできないのに、自分の気持ちがあるんだな、と。孝夫は、私が孝夫の気持ちと違う答えをすると、「違う、違う」というふうに、否定のしぐさをしたんですから。

「ブー」「シー」「イヤ」「ベー」など、ことばはまだまだの孝夫を相手にしながら、そんな気持ちになって、私自身もうれしくなりました。

第6章
つい休みたがる習いごと

「プール絶対いかない」と泣きわめく

スイミングは嫌いじゃないと思っていたので落ち着いて話を聞くと、友だちが原因でした

鈴木　暢子《ようこ》（茨城県・主婦・36歳）

長男の光彦（5歳）は、幼稚園の〝年長組〟になったばかりです。おねえちゃんの明子《めいこ》（9歳）は、小学四年生になって、少しずつ大人びてきました。

二人の子を見比べていると、どうしても光彦の幼さが、目につきます。「おねえちゃんは、しっかりしているのに、光彦はどうして……」などと、いいたい気持ちもありますが、私はがまんしていました。長子と末っ子では、環境も違いますし……。

でもこの朝は、考えこんでしまいました。それほど強くはいっていないつもりでしたが、光彦が「プールにいかない！」と、いったからです。それも顔をくしゃくしゃにして、大泣きしながらでした。

光彦「ママ、今日、プールいかないよ」

私「今日は、プール、いきたくないのね」

光彦「うん。いかない」
そういって、光彦は大声で泣きました。そして、泣きながらいうのには——。
光彦「ママ、今日、絶対プールいかないよ」
私「今日は、プール、休みたいみたいだね」
光彦「マサジがカゼ、ほんとうに直っていないから、今日はプール、休むんだ!」
私「そうか。マサジ君がプール、休むから、光彦はさびしいのね」
光彦「うん!」
そうでした。光彦は、プール（スイミング教室）は嫌いではないのですが、マサジ君と遊ぶのを楽しみにしているふしがありました。それを思い出したので、
私「光彦は、マサジ君と遊びたいみたいね?」
光彦「うん! だから、プールが終わったあと、マサジ君のうちに、遊びにいくね」
驚きました。これまでは「なだめ」たり「すかし」たりしなければ、ダメだと思っていたのですが……。そして最後には、私がイライラして、「いきなさい!!」と、叫んだものなんですが……。
ま、とりあえず、マサジ君との遊びを、優先させるつもりです。

体操教室で痛いことするんだよ

いままでは「いやだからいや！」といっていたのに、私がいい方を変えると会話もはずんで

川崎　悦子（愛知県・主婦・30歳）

男の子の三人兄弟です。長男（5歳）は、去年からスイミングへ通っています。二男の靖二（3歳）が、それを見て「僕も何かしたい」といい、お友だちもいくこともあって、こちらは今年から体操教室へ通いはじめました。

午後から体操教室がある日のことです。昼ごはんを食べていると、

「今日の体操教室、いやだなあ」

どうして？　と聞きそうになって、ぐっとがまんしました。前日に、『親業』の講座で勉強したばかりだったので、これまでとは聞き方を変えよう、と思いました。

私「ふーん。体操教室へは、いきたくないのね」

靖二「うん。だって、痛いことをするんだもん！」

私「へえー。痛いことするの？」

靖二「うん。こんなことするんだよ」（と、実際にやってみせる）
私「あれっ？　ちゃんと上手に、できてるみたいね？」
靖二「うん。少しの間だったら、できるけど、一から一〇まで数えるまで、ずっとやってなきゃいけないから……」
私「だけど、ほかのお友だちは、がまんしてやっているのかなあ？」
靖二「うん。ボクだって、ちゃんとがまんできるよ！」
私「今日の体操教室、どうする？」
靖二「うん！　いくよ」

これまで、「どうしていやなの？」と私がいっていたときは、こんなに会話は続きませんでした。靖二は「いやだからいや！」とふくれ、それで終わりでした。あとは、そのときどきで、強引につれていったり、負けて休ませるかでした。

体操教室へいきたくない靖二の、本当の気持ちを、やっと聞けたなと思いました。そして靖二は、「痛いのがいや」という不満を、私に話してスッキリしたのか、最後には自分から、「いく」という結論を出しました。

いつもこのように話して、会話をはずませたい、と思いました。

「ピアノ本当は嫌い」に大ショック

幼い子どもは正直です。親が先生だから、ときびしくしていた私に反発していたんですね

高岡　幸恵（広島県・ピアノ教師・34歳）

結婚前からのピアノ教師を、いまも続けています。長女の順子（5歳）は、そんな環境の中で、赤ちゃんのときからピアノを遊び道具のようにして育ってきました。

二歳のときから、私は順子も一人の生徒として、レッスンをはじめました。かんのいい子で、同年代の子どもではだれにも負けぬほど上手です。朝起きれば、まずピアノをひかなければ一日がはじまらないほど、順子はピアノが好きでした。

ところが一年ほど前から、私がいわないとピアノをひかないようになりました。私はそれが不満でした。いくらピアノの前に座わっても、やる気なしでは身につきません。

そしてその朝は、私にいわれても、「時間がないから」とぐずぐずして、結局ピアノにさわりもせず、幼稚園へいきました。こんなことははじめてです。

その夜、私はふとんの中で、順子に話しかけました。できるだけ冷静にと思いながら。

私「順子、このごろ朝、ピアノひきたくないみたいね」
順子「うん」
私「あんまり、ひきたくないのね」
順子「そんなことないよ」
私「ひきたいんだけど、ひかないの？」
順子「うん」
私「曲が、むずかしいのかしら？」
順子「そんなことないよ。でも、ママがそばにいないと、いやなの」
私「ママがそばにいて、聴いてほしいの？」
順子「うん。でもママはいつも、忙しいっていって、ちっとも順子のこと、聴いてくれないもん。おせんたくしたり、ごはん作ったりして。順子一人だと、上手にひけないんだもん。上手にひけないと、ママ、怒るもん」
私「上手にひけないと、ママに叱られるから、心配しているの？」
順子「うん。本当は順子、ピアノあんまり好きじゃないの。でも、いやだっていうと、ママ怒るから、好きだっていうの。それに順子は、ピアノ上手じゃないもん」

まったく思いもかけない順子のホンネ――私にとって、聞きたくなかったことばを、聞かされました。私はショックを受け、あわてました。そして、

私「そうなの。順子は本当は、ピアノがいやなの。じゃ、レッスン、やめてもいいよ」

と、心にもないことを、ついはずみでいってしまいました。

私は「順子のレッスンをやめる」というつもり（本心ではない）でしたが、順子は「ママがピアノのレッスンという仕事をやめる」と、思ったようです。順子は涙ぐみながら、いいました。

順子「いやだよ。ママがレッスンをやめたら、真弓ちゃん（私の生徒の名）と遊べなくなるし、〝ごほうびシール〟も、もらえなくなるもの。おけいこはするから」

私「そう。真弓ちゃんと遊びたいの。シールもたくさん欲しいの」

順子「うん」

私「順子が、ピアノのおけいこがいやだったなんて、ちっとも知らなかった」

ショックから少しわれにかえると、かわりに私も、涙ぐんでしまいました。

順子「だって、ママ、すぐ怒るんだもん」

私「そうね……。ママは順子のこと、怒ってばかりいたね……」

悲しくて、思わずことばが、つまってしまいます。私は泣きながら、順子を思いきり抱

きしめました。

順子「こんどから、怒らないで、ちゃんと教えてくれる？」

私「うん。そうね。こんどからは、怒らない。ママが怒ったときは、順子がママに『ママ、怒らないで教えてよ』って、ママを怒っていいよ」

順子「うん」

私「順子のこと、大好きだからね。順子、ピアノ一番上手だよ」

順子「うん。こんどから、ちゃんとがんばる！」

翌日は、夕食後にレッスンをしました。時間は短かったのですが、いままでで一番上手にひいたのには、驚きました。私が注意したところでも、「はい」とはっきり返事をして、まじめに、すぐに直そうとしました。

以前だったら注意されると、すぐいやな顔をして、私のいうことを聞かなかったものなんですが……。きっとこれまでは、順子のいったように、ただの〝注意〟ではなく、私が怒ったような口調だったんでしょう。あまりの変化に、驚きました。

ほかの生徒さんたちと比べて、順子のほうが私に甘えてしまうのではないか、という心配がいつも頭の中にありました。そこでつい、ほかの生徒さんたちよりきびしく、レッスンしました。意識的にやった、という感じでした。

そんな気持ちが表に出て、つい大声でどなったり、きびしく注意をしました。完全にひけなければ、私は満足してやらず、それは順子も十分にわかっていました。

それだけやったからこそ、同年代の子の中で、だれよりも上手になれたんだ、と私は自負していました。いま思えば「ピアノ教師の娘が、ほかの生徒さんよりも下手では、かっこうがつかないわ」——という、私自身の見栄も、あったのかもしれません。

それでも順子は、ピアノをやめたいとはいわなかった。才能もあるかもしれない。きっと、ついてきてくれる——私は、そう思いこんでいました。もちろん、大声でどなったりしたあとは、(やりすぎかな?)と思ったり、あと味の悪い気になったこともあります。でも、順子自身のためだと、自分を納得させてきました。

話をしていて、最初のうちは、たいした問題ではないように、思えました。私がそばにいないからひきたくないなんて、ちょっと子どもっぽいけど、かわいいとさえ思ったほどです。でも朝は、主婦にとっては戦場のように忙しいときで、いつもそばについているわけにはいきません。

『親業』で習った「能動的な聞き方」をすれば、順子自身が何か解決策を、自分で考えてくれるかもしれないと考えました。

ところが、まったく違ったほうへ、話が展開しました。私のきびしいレッスンが、それほど順子の重荷になっていたと知ったときの衝撃は、とても口ではいいきれません。そして、ピアノはあまり好きじゃない、と順子にいわれたことも……。

でも本当は、ピアノは好きなんだと思います。私が怒らなければ、ピアノを続けると自分から口にしたのですから。そして、ちゃんとレッスンも受けたのですから。

冷静にレッスンしなければいけない――そうはわかっていても、心配です。やっぱり順子には、だれよりもうまくなってほしい。ピアノ教師程度で終わらせたくない――そんな私の気持ちから、また以前のような、きついことばが出はしないかと。

正座ができないから休みたかった

書道塾へきてぐずるのでわけを聞いたらひざをけがしたとか。でも自分で解決もしました

中島　春子（東京都・書道塾経営・49歳）

幼稚園や小学校の生徒さんたちを相手に、ささやかな書道教室を開いております。

私自身の子どもは、息子は高校生、娘も昨年、中学へ入り、「かわいい」という年齢ではなくなりました。半分、大人気分で、なまいきざかりです。口ではいい負かされることもありますし、大きくなった子どもたちを見ていると、「ああ、自分もとしをとった」と、いう気持ちにもなるものです。

その点、書道教室へおいでになる生徒さんたちは、かわいくて、また私自身も、何か若がえった気分さえして、楽しいものです。

生徒さんの中には、兄弟姉妹で一緒に習いにくるという方もいらっしゃいます。桜井さんのお宅の、ことみちゃん（9歳・小3）と、こずえちゃん（5歳）も、そんな生徒さんです。

うかがうところによりますと、桜井さんの奥さまは、ご自宅でパソコンのお仕事をされているとのこと。週に二度、お子さんたちが私の教室へきている間に、お仕事を依頼先へ届けられているそうです。

ことみちゃんもこずえちゃんも、お習字は好きなようで、とくにこずえちゃんは、おねえさんが私の教室へ通うのを見て、自分からはじめたい、といったそうです。

ところがこの日は、様子が違っていました。いつもはニコニコ顔で、「先生、こんにちわ！」とやってくるこずえちゃんが、泣きながら……それも、ことみちゃんに、無理やり引っぱられるようにして、教室へあらわれたのです。

私「あら！　こずえちゃん、どうして泣いているの？」

ことみ「あのね、こずえちゃんは今日、おけいこ、お休みしたかったみたい。でも、ママが用事があるし、『いきなさい』っていうので、いやだけどきたの」

私「そう。こずえちゃんは、おけいこがいやなのに、きたのね？　こずえちゃんは、お習字がいやなのかな？　いやだから、泣いているのかな？」

ことみ「ママに、ついていきたかったんじゃない？」

こずえ「ううん。こずえちゃんは、お習字嫌いじゃないもん」

泣きじゃくりながら、こずえちゃんは、いいました。

私「そう。お習字は好きなの。じゃあ……」

こずえ「うん。今日、幼稚園のジャングルジムで、足をうったの」

そういいながら、こずえちゃんはハイソックスを押し下げ、私にすねを見せました。青く、うちみのあとがついていて、見るからに痛そうでした。かわいそう……。

私「あっ！ これは痛かったでしょう？ 弁慶さんていう、昔の強い人でも、ここをうつと泣くほど痛いっていうところよ。こずえちゃんも、泣くほど痛かったんでしょう？」

こずえ「うん。すごく痛かった。いまでも痛いの。だから……座わるの……」

私「ああ、わかったわ。こずえちゃんは、お習字がいやなんじゃなくて、正座するのがいやなのね」

すると、こずえちゃんは、コクリとうなずきました。

私「そうね。座わるとタタミにさわって、痛いものね。どうしようねえ」

ことみ「こずえちゃん、座ぶとん借りたら？」

私「そうする？ 座ぶとん使ってみる？」

私は、座ぶとんを出してあげました。姉妹二人で、座ぶとんを二つ折りにして、座わっ

てみたり、立てひざをしたりと、いろいろ工夫した結果、片足を立てひざして、

こずえ「先生、こんなにして、書いていい？」

私「そうすれば、足は痛くないの？　だいじょうぶなの？」

こずえ「うん。こうゆうふうにして、書く」

いいながら、こずえちゃんは、墨をすりはじめました。

私「そう。痛くないかっこうを、見つけられたのね。よかったね。そのかっこうで、うまく書けるとうれしいね。じゃ、がんばって、はじめましょう」

こずえちゃんはきっと、自分のすねが痛いことを、だれかにわかってもらいたかったのだ、と思います。私が「痛かったでしょう」というと、表情がぱっと変わりました。

そのあとは、正座しないでおけいこできる方法を、見つけるところまで、トントン拍子で進みました。姉妹二人で座ぶとんを、いろいろ工夫している姿は、本当に愛らしくて、私も思わず、目を細めたものです。

自分の子を相手にしますと、私もついぎこちなくなったり、また相手も『親業』を見抜いたりで、なかなか思うようにはいきませんでした。その点、小さな生徒さんが相手だと、驚くほどスムーズに、気持ちを聞けるような気がします。

バイオリンは好きだけど……

けいこをいやがるのは私が怒るからでした。「でも注意はしてほしい」だなんてむずかしい

野村　美也子（三重県・主婦・38歳）

三人姉妹の母親です。上の二人はどちらかというと運動好きですが、末っ子のまこ（5歳）は、そうでもありません。そのかわりというか、赤ちゃんのときから音楽が好きなようだったので、去年からバイオリン教室へ通わせています。

最初は大喜びで、それこそ一日中、夢中になっていました。でもこのところ、あまり熱心ではありません。この日もおけいこをはじめたものの、ぐずぐずしていて、なかなかはかどりませんでした。

まこ「バイオリンのおけいこ、いやだな」
私「そう。いやなの」
まこ「もう、やめたい」
私「もう、やめたいの」

まこ「もう、いやだ！」
私「バイオリンって、なかなかいい音がでないもんね」
まこ「違うの。ママが怒るから、いやなの」
私「あ、そうか！　じゃ、ママが怒ったり、注意したりしなければ、いいんだ」
まこ「注意はしないと、まこはめちゃめちゃになっちゃう」
私「そうね。じゃ、少し注意はするけど、怒らないからね」
そういうとまこは、バイオリンのおけいこを再開しました。見違えたようにいい音を出しているように思えました。
私「今日は、調子がいいんじゃない？」
まこ「(にっこりしながら) でも、一つぬけてたみたい」
そういうと、まこはつぎからつぎへと、練習を続けました。ちょっと前までぐずぐずしていたのが、まるでウソのようでした。
子どもの気持ちをよく聞くこと——そう心がけてきたつもりですが、成功したのは、これがはじめてでした。まこは、何が気にそぐわないのか、なかなか心を開いてはくれませんでした。これをきっかけに、もっと話したいと思います。

一番目にひくから心配だなぁ

発表会前に「下手だからダメだよ」といわれ自信をなくす。不安な気持ちをわかってやると

新井　美樹子（広島県・主婦・35歳）

あしたは、ピアノの発表会。長男の太一（7歳）は、よくひけます。三男の義行（3歳）はまだ関係ありません。問題は、二男の大悟（6歳）です。

「大悟は下手だから、練習してもダメだよ」と太一がいいました。発表を前にして、これでは大悟は自信を失ってしまいます。案の定というか、大悟はふてくされて、私や太一に〝逆襲〟してきました。

大悟「ボク、あしたの発表会、出んけえね」
私「そう。大ちゃんは、発表会、出たくないんだね」
大悟「うん。絶対に、出んよ！」
私「そう。大ちゃんは、発表会に出るのが、本当にいやなようだね」
大悟「うーん……。でも、ボクは発表会で、一番にひくんよ」

私「そーお？　大ちゃんは発表会で一番にひくのが楽しみみたいだね？」
大悟「そう。ボクが一番、最初なんよ。でも間違えるかなあ」
私「そうか。大ちゃんは、発表会で一番にひきたいけど、間違えるかどうか、心配なんだね」
大悟「うん。でもね、先生は『上手になったね』って、ほめてくれたよ！」
私「そう!?　いままで練習してきて、先生にほめてもらったから、うれしかったんだ！　だけど、大ちゃんははじめての発表会なんで、上手にひけるか、心配なんだね」
大悟「やっぱり、もう一度、練習しようっと——。おかあさん、聴いてよ！」
私「うん。聴きよるけぇね。大ちゃんも、がんばってよ！」

大悟にとっては、発表会というのははじめての経験でした。それも一番目で、不安も大きかったろうと思います。そこへ兄から「下手」といわれて、自信を失ったのは、ありそうなことです。おそらく、カチンときたことでしょう。

大悟は、よくがんばりました。その大悟は、私にあまり素直によろこびを表現しませんでした。心残りがあります。兄の言葉を大悟はどう考えたのでしょう？

とにかく、兄弟そろって発表会に出られ、私はホッといたしました。

足をひっぱられるからこわいの

バレエを休みたがる娘。やさしく抱いてやると不満も消えて、練習がんばるといいました

古沢　高子（福井県・主婦・33歳）

沙耶（6歳）は、二人姉妹の末っ子です。三カ月あとには、ピッカピカの小学一年生。でも末っ子のせいか、ときどきムラ気、わがままを起こします。

翌日はバレエのおけいこがある、という夜のことです。寝る前に、沙耶は幼稚園のお道具や、バレエの準備をし終わりました。ふとんに入って、いつもの同じようなたわいない話を私としていたんですが――。

沙耶「あした、バレエのおけいこ、休みたい！」

私「そんなこといったって、来週は田舎につれていってあげることになっているんだから、休むことになるし……。二週間続けて休むと、発表会で困るでしょ」

沙耶「自分で練習するから」

私「でも、振りつけを、みんなが先におぼえちゃうから、わからなくなっちゃうわよ」

私がいうと、沙耶は目に涙をためて、とうとう泣き出してしまいました。

私「何か、バレエのおけいこに、いきたくないことがあるの？　どんなことでもいいから、ママに話してごらん」

沙耶「こわいの」

私「こわいの？　何かこわいことがあるの？」

沙耶「こうやって、足をのばされるの。先生が、ぎゅっとにぎって、押さえつけてね……。またがさけそうで、痛いの」

私「そう。それはつらいわねえ。よしよし……」

泣き続ける沙耶を、私は抱いてあげました。私の胸で、沙耶はしばらく泣きつづけていました。しゃくりあげるたびに、ピクッ、ピクッと、沙耶の小さな身体が、私の胸を押しつけてくるようでした。やがて泣きやんでくれました。

沙耶「おかあさあん。毎日、おふろに入って、出てから練習するよ！」

あらまあ！　と、私は驚いてしまいました。あんなに、泣きたいほどこわがっていたのが、声の調子もガラリと変わってしまって……。

翌日から本当に、沙耶は足の柔軟体操を、はじめました。よかったね！

第7章
知って意外な子どもの世界

おてはうごかないけど口は動くよ

ママにごはんを食べさせてもらってご機嫌の長男。今日だけよという親にもうれしい体験

手塚　京子（滋賀県・主婦・32歳）

特にとりたてて、なにごともなかった日の、夕食のときのことです。長男の一行《かずゆき》（5歳）が、食べるのをいやがりました。

一行「おなかが痛いから、食べたくないよ」
私「そう。食べたくないって、思っているのね」
一行「そうだよ。手が『おはし持つのがいやだ』って、いっているんだよ」
私「おはし持つのがいやだって、手がいっているのね」
一行「そう。おはしだけじゃなくて、スプーンもフォークも、ぜんぶいやだって……」
私「一行のおててが、動くのいやだよ、っていってるみたいね」
一行「うん。ママ……。口は動くよ！　そらっ」（と、口をあける）
私「あれっ？　ママの手は、一行のお口にごはん入れてもいいよ！　っていってるよ」

一行「じゃあ、入れてみてよ！　……もぐもぐ……。口がおいしいって！　ママの手に、ありがとう」

私「そうか。カズ君の手は疲れちゃったみたいね！　うーんといっぱい、遊んだからかな？」

一行「足もだよ！　口もだよ！」

私「ほらっ！　ママの手は、カズ君にごはん、食べさせたいって」

一行「食べさせてあげる、っていってるんだね」

私「そうよ。今日はね、特別よ！」

以前の私なら、とてもこんな会話などできなかったでしょう。「手がおはしを持つのいやだって」なんていわれたら、「何バカいってるの！」と、叱ったでしょう。一行の口に、ごはんを入れてやることなど、考えられなかったでしょう。なにしろ一行の下には、弟と妹がいて、しつけの点でも一行を手本にという気がありましたから。

話しながら、私が実際にごはんを口に入れてあげたのは、ほんのわずかでした。一行はまもなく自分で食べはじめました。そんな一行と私のやりとりを、弟と妹のほうが、あきれたような顔で見ていて、かわいかった！

「遅くまで起きていたい」わけ

大人はずるいよといいながら、実はいつまでも親と一緒にいるのが楽しかったなんて……

下平 路江（石川県・保母・24歳）

保育園で、早番保育をしていたときのことです。健二君（5歳）が、映画の題名らしきものを口にしました。たしか前夜の九時からのテレビでやっていたはずです。
「それ、昨日の映画の、題名でしょ？　そんなに遅くまで、起きてたの？」
私がいうと、話をきいていた有希ちゃん（5歳）が、話しかけてきました。

有希「わたしっちは、夜遅いときは、下で寝るんだよ」
わたしっち、というのは、両親と兄、それに有希ちゃんの、四人のことのようです。

私「そう。遅いときは、下で寝るの。いつもは二階なの？」

有希「うん。おにいちゃんと私は二階。でもみんなで、遅くまで起きているときは、下にいるんだよ」

私「有希ちゃんは、遅くまで起きているのが、楽しいみたいだね」

有希「うん。大人は、ずるいよ。わたしっち（兄と本人）だって、起きていたい。なのに、さあ……」

私「有希ちゃんは、おとうさんやおかあさんと、一緒にいたいんだね」

有希「そうだよ。だけど、ダメっていうんだもん。でもね、もう少し大きくなったら、よくなるかもしれない」

私「早くそうなると、うれしいなって、思ってるのね」

有希「うん！」

夜遅くまで起きていて、大人はずるいんですって。でも本当は、いつもおとうさんやおかあさんと、一緒にいたいんですって。かわいいですね。

親の立場だったら、自分の子が夜ふかししては困るとか考えて、つい何かいってしまうのかもしれません。その点、私は直接関係ないので、楽な気持ちで率直に聞くことができたのかもしれないとも思います。

よく聞いてみれば、こんなかわいい子どもたちの気持ちが、どんどん伝わってきます。保育園勤めはたいへんな肉体労働でもあり、きついのですが、こんな子どもの声を聞くと、ますます楽しくなってきます。

トイレのウンチ流さないので困る

水を流すと自分も流れるようでこわいといわれてビックリ。でも解決法も聞けてよかった

岡部　幾代（新潟県・主婦・32歳）

「あっ！」

といって、わが家へのお客さまが、トイレから飛び出してきました。ああ、またか——と、私にはわかりました。

麻衣（4歳）はトイレを苦手としています。特に、自分のウンチを流せません。家族とはいえ、あと始末できない麻衣には、ほとほと困っていました。

私「麻衣ちゃん、ウンチ流してないけど、忘れちゃったみたいだね」

麻衣「知ってるよ！　けど、流すのいやなの」

私「そうなの。でも、ウンチ流さないと、おかあさんが入って、ビックリするし、おにいちゃんもタンちゃんも、お客さんもいやだなあと思うから、困ってしまうのよ」

麻衣「まいちゃん、流すの、こわいの」

私「そう？　ジャーッという音が、大きいのでこわいのね」
麻衣「うん。すごくこわいの。まいちゃんも、流れちゃうみたいで、こわいの」
私「そうだったの……。音もこわいし、流れる水も、こわかったのね」
麻衣「うん。そう」（うれしそうでした）
私「じゃ、どうしようか？」
麻衣「おかあさん、流して！」
私「いいわよ！　ウンチが終わったら、必ず呼んでね」

なにがこわいの？　なんで？　と、信じられぬ思いもしました。でも、あの「ジャーッ!!」という音は、そうかもしれないなと、思い直しました。

音が大きい、水流が強すぎる、などなど——こわいものはこわいだろうと、わりきって、子どもたちとつきあうつもりです。

手を使うとめんどうくさいね

自分のために歯ブラシ・セット、私のために野菜きざみ・セットを作るという息子。感激！

五十嵐　美紀（東京都・主婦・32歳）

哲生「歯みがきなんて、めんどうくさいんだから！　機械でやる〝歯ブラシ・セット〟を買ってくればいいのに！」

私「オモチャ屋さんで売っている、セットが欲しいのね」

哲生「そう。買ってくれる？」

バカバカしい――と、私は思いました。よくある〝電動歯ブラシ〟に似ていますが、まるっきりのオモチャです。役に立つはずはない、だからこそ、オモチャ屋さんで売っているんでしょう。本当にムダ使いになってしまう……。

と考えて、私は「はっ」としました。哲生（6歳）は哲生なりに、子どもの心で、そんなオモチャに魅《ひ》かれるのかもしれない、と。そんな気持ちを聞こうと思いました。

私「そのセットがあれば、めんどうくさくなくていいな、と思うのね」

哲生「そう。機械って、便利だよ。手を使わなくてもいいしね」
そりゃ、そうだわよ。だから道具じゃなくて、機械っていうんだもの。でも、いくら機械といっても、まさか歯ブラシまで完全に機械化するなんて、とても無理な話です。自分の身体のことは、自分の手が最後には必要になるはず。でも今回は聞き続けました。
私「そうなの。手を使うのが、疲れるのね」
哲生「そう。手を使うのは、疲れるよ」
私「だから、手のかわりになってくれる機械があるといいな、と思うのね」
哲生「そう。あっ、ボク、木で機械を作ろうかな!? 物置にある、小さい木を使って作れるかな?」
私「うん。できるかもしれないね。よく考えて、組立てれば、なんとか作れるかもしれないね。がんばってみる?」
哲生「うん。やってみる。あした、やろうかな? でも、ノコギリ使うとき、むずかしいと思うけど……。おかあさん、むずかしいところ、手伝ってくれる?」
私「いいよ。おかあさんの、用事のないときだったら、手伝うよ」
哲生「色もぬろうかな。おかあさん! オモチャ屋さんで買うのは、もったいないものね。自分でできると思うしね。買えばそれだけ、おこづかいがなくなっちゃうしね。おかあさん！　〃野菜切り切りセット〃も、作ってあげようか」

歯みがきはいやだ、手が疲れる——最初はあれほど強い調子でぐずった哲生が、最後はこんな、まるで〃極楽トンボ〃です。私がよく聞いてあげれば、これほどまでに気分が変わるのか——と心から思いました。

もともと哲生は、手仕事が好きな子です。主人のやるのを見ながら、おぼつかない手つきでしたが、釘やカンナ、ノコギリなどを使って、哲生なりの〃作品〃を、作っていたものです。大人から見ればガラクタですが、本人は納得していました。

〃歯ブラシ・セット〃からはじまって、〃ニンジン切り切りセット〃——さらに哲生は、〃ピーマン種《たね》取り機〃だとか、〃ネギきざみ・セット〃だとか、自分なりの〃発明構想〃をしゃべり続けて——やがて、コトンと眠ってしまいました。

これまでは、哲生が「買って！」というと、私は「ムダ使いは悪い子よ！」「すぐこわれるオモチャでしょ！」など、きまり文句で対応していました。すると哲生は、必ず反発したものでした。押さえつけずに聞けば、子どもの本心がわかる、と今回は感じました。

本当は、機械でなく手を使いなさい——という私の本心は、とりあえずいいません。

私もお手伝いしたかったのに

おとうさんがふとんを全部たたんだと泣く。自分でできることは、やりたい年ごろみたい

柿崎　則枝（埼玉県・主婦・44歳）

沙知恵《さちえ》（5歳）は、幼稚園の〝年中組〟さんです。けっこう活発で、幼稚園でも友だちがたくさんいます。そんな沙知恵が、けさは泣きながら居間へ下りてきました。なにか怒っている様子。放っておいたら、しばらくして泣きやみました。まあ、いろいろあるかもしれないけど、沙知恵はいい子だから——と思っていたら、また泣きはじめました。ちょうど夫が、居間へ下りてきたところです。

沙知恵「(泣きながら)おとうさんが一人で、ふとん全部、たたんじゃったあ。チエちゃんも、たたみたかったのにい……」

私「そう。チエちゃんも、ふとんをたたみたかったの」

沙知恵「そうなの。自分のふとんは、自分でたたんで、運びたかったの。それなのに、おとうさんが、さっさと運んじゃって……」

私「そう。おふとん運べなくて、悲しくなってきたのね」

沙知恵「チエちゃんが、運ぼうと思って、ふとんの上にいたのに……。あしたの朝は、おかあさんのとチエちゃんのふとんを、たたむからいいもん！　おとうさんのなんて、絶対に運んであげないから！」

私「あしたの朝は、おかあさんのと、チエちゃんのおふとんを、しまってね」

かわいいというか、複雑というか——子どもの心のむずかしさでしょう。せっかく、自分でできる仕事を見つけたのに、おとうさんに取られてしまった、と沙知恵は泣いたんだろうと思います。

それもこれも、日本が〝豊かな社会〟になった証《あかし》かもしれません。私が子どものころは、まだまだそんな豊かではない時代でした。特に田舎では、子どもといえども〝労働力〟として、あてにされていました。手伝わないと、おやつももらえませんでした。春と秋の〝農繁期〟には、学校もおやすみになるほどでした。

「お手伝い、したいときには、チャンスなし」——とでもいいましょうか。お手伝いはまるで〝必修科目〟のように育った私には、信じられない思いもします。でも、それだけいい時代になったのかもしれませんね。

サラダの味がいつもと違うよ

つい忙しくて、市販品を食べさせたら見破られた。息子の意見はもっとも。はずかしかった

小島　悠子（静岡県・商店主の妻・32歳）

男の子の、二人兄弟です。長男の章（6歳）は、二カ月後には、小学校に入学です。二男の健（2歳）は、まだ幼稚園前の、赤ちゃんみたいな段階です。

そんな二月の、ある夜のことです。夫は、「商店街組合の寄り合いがある」と、出かけました。本当に〝寄り合い〟なのか、酒が好きなあの人のことですから、わかりませんけれど……。いつもなら、まずうちで晩酌して、夕食をとって出かけるのですが……。とにかくその日は、私と子どもたちだけの食事でした。

夕食をはじめて、四〇分後。私も健もとっくに食べ終わりました。なのに章はまだ食事中。ポークソテーの豚肉は、しっかり食べ終わったのに、つけあわせのポテトサラダは、ほとんどはしをつけていません。

私「早く食べなさい！」

章「はーい……」

重い声。でも、はしはさっぱり進みません。

私「ポテトサラダを、食べたくないようね」

章「怒んない？」

えっ！　と思いました。いままでの私は、きっと、いつも怒るおかあさん、というふうに章から見られていたのか？　と思いました。正直、ギクッとしました。でも、私も、最近『親業』を勉強したおかげで、章のことばに耳を傾け続ける気持ちになれました。

私「怒んないよ。なんなの？」

とはいっても、つい表情は、以前の調子になりそうで、本当は困ったんです。おそらく章も、私が無理に笑おうとして、ひきつったのがわかったかなと心配でした。でも、ことばは偉大です。私の返事に安心して、章は話しはじめました。

章「このポテトサラダ、いつもママが作る味と違って……。甘いのとか、しょっぱいのとか、味が多すぎて、変なんだ。いつもの味のほうがいい！」

私「ああ、味が多すぎるのか……。ふふーん……。これね、今日マーケットへいって、魚屋に寄ったらね、そこのおばあちゃんが作ったというもんで、買ってきたんだ。ママはおいしかったけど……。それで、食べたくなかったのね」

章「うん!! ママが作ったサラダのほうが、味がさっぱりして、よっぽどおいしいぜ！ 残していい？」

私「いいわよお。じゃあこんど、ママが作ったときには、たくさん食べてよ！」

章「はあーい！ ごちそうさまでした！」

正直いって、驚きました。

いまの子どもなんて、即席食品や冷凍食品の化学調味料の味にならされていて、本当の味などわかるはずがない——と思っていました。そう考えていたから、この日は私は、ポテトサラダの市販品で、ごまかせると思っていたんです。

でも、甘かったーあ！

なんだかんだいっても、子どもは母親が作った味が最高なんですね。私自身の手作りには、それほど自信がありませんでしたが、子どもはしっかり、私の味を覚えていたんです。それが最高の味だと信じて！

うれしかったです。と同時に、市販品でごまかそうとした私自身を、はずかしく思いました。「ママが作ったサラダ」よりまずい、といった子どもの舌に、負けました。

こんな、子どもの気持ちを聞けたのは、まったく『親業』のおかげだと思います。これまでの私だったら、章が食事を残そうとしたら、こういっていたでしょう。

「ダメじゃないの、早く食べちゃいなさい!!」

そう命令して、あとは背を向けていただろうと思います。そんなことを母親からされたら、章はどんな気持ちになったろうか? ただでさえ、おいしくない食事なのに、ますます味気なくなったでしょう。しかも、本当は大好きな母親(の作った味)から、拒否されてさびしく、また悲しい気持ちを、かみしめたかもしれません。

大きな、深刻な問題をかかえている方から見れば、たわいないことのように、見えるかもしれません。でも、こんなことの積み重ねが、親と子の〝心のかけ橋〟を作っていくのかもしれないと思います。これからも、がんばります。

「死にたい」なんてどうして？

幼児のことばとは思えず驚いたけど、よく話を聞くと子どもらしい考えとわかり安心した

岡　美津子（長崎県・共働き主婦・32歳）

仁《ひとし》（5歳）は、ひとりっ子です。だから多少は、甘え気味なところが、あるのかもしれません。親のほうもつい、「まあ、いいか」という気にもなりがちです。

そんなことを考えて、仁が3歳になったときから、私は勤めに出ました。社会から切れたところで、親子で一対一でいれば、お互いに甘えあうことになりますから。

仁も保育園へいくようになって、友だちができたり、人間関係に発見があったりで、けっこう楽しそうでした。私が夕方に迎えにいくと、「おかあちゃん、あのね……」と、その日のことを楽しそうに、しゃべってくれました。

ところがこの日は、保育園から帰宅するまで、仁はずっと不機嫌なままでした。その理由を聞いても、「なんでもない！」と、つっぱるだけです。

仁「だって、おもしろうなかけん」

私「何がおもしろうなかとね？」
仁「みーんな！ うちでもつまらんし、保育園でもつまらんし……。いやだよ」
私「うちでも保育園でも、おもしろかことがなかとね？」
仁「そうだよ。うちではおかあちゃんが怒るし、保育園でもつまらんけん。もう、死んじゃうたい」
ちょっと、どうして？――私は心の中で、オロオロしました。思春期や青春時代なら、そんな〝死〟を考えることもありましょう。でもまだ、小学校前なのに、「死んじゃう」なんて、なんという……。
私「えっ!? 死んでしまいたかと？」
仁「そう。おもしろかことがないけん、もう、死んじゃう」
私「家ではおかあちゃんが怒るし、保育園でもおもしろうないから、『死んだほうがいい』と、思うとるとやね？」
聞き方としては、間違っていないと、後で思いましたが、このときは、そんなことまで考えが、まわりませんでした。
仁「そう。死んだら、そんな（怒られたりおもしろくない）こと、ないけん……。おとうちゃんだって、テレビ映画の怪獣の真似ばして、ボクのこと怒ったりするし……。もう、本当にいやだ！」

私「死んだら、おとうちゃんやおかあちゃんにも怒られんけん、そのほうがよかと思うとるんね」

仁「そう。ボクは死ぬよ」

また、死、死、死、死、です。ふと、私は思い直しました。仁は、死ということを、どう考えているのだろうか？「死んだら、もう何もできない」と、知っているのだろうか？

それに、いざ死ぬといっても、どうやれば死ねるか、わかっているんだろうか？——。

私「仁は、死ぬってどげんことか、知っちょると？　死ぬって、どげんことっちゃ、思うとっとね？」

仁「こうやったら、死ぬんばい」

といって、仁は細いヒモを首にまわし、両側を引っぱるしぐさをしました。そうか、いちおうは知っているんだ。首つりの方法を……。

私「ほんなこと、死にたいっちゃ考えちょると」

沈黙にたえかねて、私は口を開きました。ところが、意外な返事がかえってきました。

仁「ばってん死ねんばい。ボクは、小さいけんね」

私「一人じゃ、死ねんってこと？」

仁「そげんばい」
私「どげんしたら、よかと？」
仁「おじいさんにならんば、死ねんじゃなかか？」
私「そうね。おじいさんにならんば、死ねんと思うとるね？」
仁「そげんたい。そやけん、ボクは死なんとよ！」

子どもが「死にたい」といったときは、ビックリしました。人間はなぜ生きているのかを、説明したい気持ちにも、なりました。でも、仁の気持ちに耳を傾けたら、それほどのことではないと、わかりました。

もしも私が、「死にたいなんて、バカねえ」などといったら、とんでもない結果になったかもしれません。あるいは、「子どものいうことだから」と、無視したりしても、違うことになったでしょう。

大人から見れば、本当にバカバカしいことでも、子どもは真剣に悩むものだ、とわかりました。そして、耳を傾ければ、本当の子どもの気持ちがわかる——と。

もう食べなくていいでしょ

昼間の疲れで夕食も食べられないほど眠たい娘に、以前だったら無理やり食べさせたけど

小林　勢津子（富山県・主婦・32歳）

孝行（6歳）、瑠美（5歳）、美佐緒（3歳）の、三人の子がいます。上の二人の子は、近くの音楽教室へ通っています。その音楽教室のあった日のこと。午後の二時間、美佐緒も上の二人についていって、疲れたようでした。疲れすぎるとかえって眠れないようで、美佐緒は結局、昼寝ができないまま、夕食の時間になってしまいました。食卓について、

美佐緒「ミサちゃん、多すぎて食べれない」
私「そう。大盛りだったみたいね。全部は多かったかな」
美佐緒「もうシャッターさんがおりてきて、食べれないの」
私「くたびれて、眠くなったみたいね」
美佐緒「ごはん大好きだけど、今日は、もういいの。ねえ、おかあさん、先に歯をみが

いてもいい？」
私「ごちそうさまして、先にベッドへいきたいのね。いいわよ」
美佐緒「ごちそうさま。おやすみなさい」
私「はい、おやすみ」

以前の私は、理由はどうあれ、子どもが食事をしたくないなどというのは、けっして許しませんでした。もちろん、食べさせる側として、手抜きなどせず、きちんと作っていました。成長期に食事を抜くのは好ましくないし、しつけにもよくない、と考えていたからです。

『親業』を学び、子どもの心に耳を傾けるようになって、子どもの本当の気持ちに、少しはふれられるようになりました。そんな子どもの気持ちに、よく聞いているよ、わかっているよ、と私の気持ちを投げ返すと、親子関係から、トゲトゲしさが抜けてきました。

この日も、美佐緒の気持ちは、もう疲れて眠くてどうしようもないのだ、とよくわかりました。こんな調子のままで、無理やり食卓に座わらせ続けたところで、食べられないだろうと思いました。それに、食事を抜くといっても、たかだか一食のこと。そんな思いで、美佐緒の気持ちを認めてあげました。

他人の前でつい叱ってしまった

どうして泣いているのか、やっと気づきました。3歳の子どもにも自尊心があったのです

杉村　香代子（千葉県・主婦・27歳）

東京に住んでいる、私のいとこの家へいきました。娘の直美（3歳）にははじめての経験です。

直美は最初、まったく違う環境に戸惑っていました。でも、さすがは子どもです。すぐになれて、いとこの子の隆一クン（7歳）と、遊びはじめました。

しばらく楽しく遊んだあと、隆一クンは〝ドリル〟のような本を、食卓へ持ってきました。そこでちょっと、もめました。

隆一「これ、しようっと――」

直美「なに？　見せて！」

そういって、直美は隆一クンの〝ドリル〟を無理にひったくろうとしました。

私「あっ！　破れるよ！　とっちゃダメ！　これ、おにいちゃんの、お勉強のものよ」

私はあわてて、直美の手をおさえました。

すると直美は、大声をあげて、泣き出してしまいました。何が悲しいのか？――私は直美の気持ちを聞こうと、話しかけました。

私「直美は、なぞなぞ遊びかと、思ったのね？」

隆一クンの〝ドリル〟は、直美がよく遊ぶ〝なぞなぞ遊び〟と、似ているようだったからです。でも直美は、泣き続けました。泣くだけではなくて、私にしがみついてきました。

私「直美は、〝なぞなぞ遊び〟だと思って、これで遊びたかったのね？」

ほかに思いあたらず、苦しまぎれの聞き方でした。

直美「違うー！」

私「じゃ、叱られたと思って、悲しくなったの？」

直美「それも、違うー！」

困りました。ほかにどんな理由で、泣くんでしょうか？　体調が悪いのでもないし、それほど疲れてもいないし……。一生懸命に、直美の気持ちを聞いているのに、どうして？と、つい腹を立てそうな気分にさえなりました。

いろいろ考えて、私は「はっ」と思いました。そうだ。ことによると――。

私「直美ちゃんは、みんなの前で叱られたんで、はずかしかったの？」

直美「うん。そうなの」

ああ、そうか、と私は思いあたりました。

3歳の子どものことですから、叱られて悲しいとか、間違えてくやしいとか、そんな気持ちだったんだろうと、私は思いこんでいました。でも直美は、〝一人前〟に、はずかしかったんですねえ。

こんな小さな子どもでも、そんな気持ちになるなんて、ちょっと不思議な気もしましたが、昔の自分を思い出して、まあ、そういうこともあるんだとわかりました。

私が「はずかしかったの？」というと、直美はピタリと泣きやみました。中学生くらいならともかく、小学生や幼児には、おとなの専売特許のように私は思っていました。自尊心なんて、そんなものは関係ないだろうと……。

でも、違うんですね。3歳の直美にも、一人前の自尊心があったんですから。

直美の気持ちを聞いてから、次のような会話が続きました。

私「直美ちゃんは、はずかしいと思っているようだけど、みんなは直美ちゃんのこと、おバカさんだなんて、ちっとも思っていないと思うよ」

みんな「そうだよ！」

それを聞いて、直美はにっこりと、ほほえみました。
ああ、よかった！

第8章
親業訓練ミニ講座

1 親離れ・子離れのために

「あなたのためを思っていってるのに、どうしてわからないの！」

こんなふうにいったことは、ないですか？ 心あたりのある方が、ほとんどと思います。その気持ち、わからないことはありません。子どもをつくったのは、親ですから。だから、子どもは親の「所有物」と、考えてしまいがちなのです。

でも、親と子どもは、同一人物ではありません。親には親の人生や悩みがあるように、子どもには子どもの人生や悩みがあります。子どもは生まれたときから、親とは別の人生を歩きはじめているのです。子どもは、親の期待を実現するための、道具ではありません。もちろん、親にとって都合のいい、アクセサリーなどの「所有物」でもありません。

親と子どもは、別の違う人間である――ここから『親業《おやぎょう》』の考え方が、はじまります。

親の仕事は、「一人の人間（子ども）を産み、養い、社会的に一人前になるまで育てる」ことです。つまり、子どもが「親離れ」するのを助けることです。親が「子離れ」できなくては、子どもも「親離れ」はできません。親と子は、離れていく宿命にあって、お互いにうまく離れていくようにする責任が、親にはあるのです。

●子どもは親の「所有物」ですか

あるおかあさんは、次のような経験から、このことに気がつきました。
——六歳の息子が、台所のイスに乗って遊んでいました。「危いわよ。けがするから気をつけなさい」と、私は注意しました。でも息子は、「大丈夫だよ」といって、聞いてくれません。しかし案の定、イスがたおれて、子どもは「痛いよう！」と泣き出しました。

私「ダメじゃないの！　だから、おかあさんがいったでしょ!!」
息子「痛いのはボクなのに、どうしておかあさんは、ボクのこと怒るんだよ!!」

私はそこで、はっとしました。そうだ、イスで遊ぶと危険なことは、この痛さで十分にわかったはずだ。それなのに、そのうえ私が子どもを非難しなくたっていいではないか。しかも、痛い思いをしているのは子どもであって、私自身ではないのだ。そう気づいて、いいました。

私「痛かったでしょ。ここが痛いのね」

といいながら、痛いところをさすってやりました。

息子「そうだよ。早くおくすり、ぬってよ」

泣いていた息子は、まるで嘘のように泣きやみ、ケロリとしていいました――。

親の都合や期待などを一方的に押しつけてしまうと、子どもは反発し、あるいは悲しみを深め、親の考える「子どもの理想像」から、ますます離れていくものです。そんな子どもに、また親の一方的な考えを強制すれば、悪循環になるだけです。

「親子は一心同体」「親の気持ちは子どもの気持ち」というような錯覚は、捨てましょう。親子は別の人間である、という事実に気がつけば、一歩しりぞいて、子どもの気持ちを推しはかれるようになるのです。逆に、親としての気持ちをどうしたら子どもに伝えることができるか、考える余裕も出てきます。

「親子は一心同体ではない。親子は別人である。子どもは親の所有物ではない。親と子はそれぞれ、悩みも違えば、人生も違う。それを忘れたら、子どもが大人になれるように育てることはできない。親の仕事は、『親離れ』をさせて『子離れ』をすること。そのため、できるだけ努力すること。子どもの悩みを解決し、その一方で、親の考えも子どもに理解してもらうこと。そして、別人同士なのだから、問題が起きたときには、できるだけ対等な立場で、民主的に解決すること」

実行するのは、むずかしいことですが、このことを呪文のようにとなえてみてください。

2　子どもの気持ちに耳を傾ける――能動的な聞き方

子どもの様子がいつもと違う。沈んでいる。悩みをかかえている――こんな、子どもが問題をかかえているように見えるとき、親はどのように対応したらいいでしょうか。

ふつうの親は、自分なりに改善、解決方法を考え、「子どものためを思って」というつもりで、親の立場から何かいうものです。でも、悩んでいる子どもは、そんな親心を、必ずしも理解はできません。

むしろ逆に、「親はわかってくれない」「押しつけだ」「強制されている」と感じて、反発したり、ますます深く悩んでしまうことが多いものです。

泣いている子どもに、「いつまで泣いてるの！　情けない子ね」とどなりつけると、泣きやむどころか、子どもはますます大声で泣きつづけた――そんな経験はありませんか。

●一方的な〈おきまりの12型〉

親の立場や都合で、悩んでいる子どもへ対応するやり方には、次のような型があります。

いずれもよく見られるもので、親心は同じ親として、わからないことはありません。でも、逆効果なのです。いい方の例は、子どもが「幼稚園なんか嫌いだ！　いきたくない！」などといったときへの対応です。

⑴命令　「文句ばかりいわないで、いきなさい！」
⑵脅迫　「いかないと、おとうさんにいいつけるよ」「いったほうが、お前のためだよ」
⑶説教　「幼稚園へはいくべきよ」
⑷提案（助言・忠告）「担任の先生に、相談してみたらいいのに」
⑸講義・理づめ　「幼稚園をいやだと思うからいやになるのよ。いやなことがないように、友だちと仲よくすれば大丈夫よ」
⑹非難　「ちょっといやなことがあると、すぐ弱音をはいて、いやだねえ」
⑺同意　「じゃ、いかなくても、いいじゃないか」
⑻はずかしめ　「おまえは、相変わらず、甘ったれだなあ」
⑼解釈　「幼稚園がいやだから、そんなふうに考えるんじゃないか」
⑽同情　「あしたは、いいことがあるかもしれないよ。でも、たしかに幼稚園は退屈で、いやなときもあるよ。わかるな」

⑾尋問　「いつからそんなふうに感じているの？　イジメっ子でもいるの？　先生とはうまくいってるの？　どうして？」

⑿ごまかし　「まあ、いいじゃないか。あしたになれば、気持ちも違ってるだろ」

『親業』では、これらを〈おきまりの12型〉と、呼んでいます。

悩んでいる、問題をかかえている子どもは、なによりもまず、自分のそんな悲しい気持ち、つらい気持ちを訴えたいのです。親に、自分の気持ちをわかってほしいのです。それなのに、親のほうが自分の立場や都合から、〈おきまりの12型〉で一方的にいってしまうと、子どもは気持ちを表へ出しにくくなってしまいます。悲しい気持ちを胸の奥に閉じこめて、ますます落ち込んでしまいます。

●自分から解決策を見出すことも

親はまず、「聞き上手」になりましょう。親としての立場や主張は、とりあえず抑えて、子どもが自分の気持ちを表わすことばに、耳を傾けましょう。そして、子どもの気持ちを聞き、理解していることは、ことばや身ぶりで、子どもに伝えましょう。

これが『親業』の第一の柱――「能動的な聞き方」です。

このように、子どもの気持ちに耳を傾ければ、子どもは「聞いてもらえる」と思い、自分の気持ちを正直に話せるようになります。そして、悩みや苦しみを口に出してしまうことで、気分をすっきりさせるわけです。喜びを話したかった子どもなら、親に話が通じることで、うれしい気持ちが倍増します。

子どもは、自分の気持ちを話していくうちに、親から指図や強制をされなければ、自分から解決策を見つける機会を手にすることができるのです。本書の中にも、そのような例はいくつもあります。

たとえば、「他人の前でつい叱ってしまった」（211ページ参照）では、母親があとから「能動的な聞き方」で応じたら、直美ちゃんは本当の気持ちを訴えました。叱られたのがいやなのではなく、みんなの前で、「小さな子がドリルなんか見たってわからないでしょ」というふうにバカにされたと思いこんで、はずかしかったこと——母親がよく聞いた結果、そんな直美ちゃんの気持ちがわかりました。

でも、「能動的な聞き方」で、すべてが解決すると過信してはいけません。たとえば幼稚園にイジメっ子がいるとしても、イジメっ子そのものをなくすことは、親子の間でできるとは限りません。

しかし、外でいやなことがあって、悲しみながら帰ってきた子の、気持ちをほぐしてやれます。そしてなによりも、「能動的な聞き方」をすることで、子どもが親に対して、「おかあさんだけは、いつも私の味方になってくれる」と、安心した気持ちになれ、同時に、いやなことに対処していこうとする意欲が生じ、建設的な解決策が生まれることは、さらに大切です。

悩みがあるとき、話したいことがあるとき、人間は必ずサインを出します。動作や顔色、食欲、声の調子など、サインはさまざまです。そんなサインを見逃さずに、「能動的な聞き方」で対応しましょう。乱暴な動作や残酷なことばでも、それをすぐしかりつけるのではなく、子どもの心に耳を傾けましょう。それが糸口になります。

本書の中でも、たとえば「えっ、金魚になりたい!?」（59ページ参照）という子のホンネは、なわとびが下手で、幼稚園でイジメられるという、悲しみいっぱいの気持ちでした。

3　親がホンネで語りかける――わたしメッセージ

親といっても、同じ人間です。子どもが問題をかかえて悩むように、親もまた、問題をかかえて悩むこともあります。そんなときは、「能動的な聞き方」では問題は解決しません。親は素直に自分の気持ちを話すべきです。

これが『親業』の二つめの柱――「わたしメッセージ」です。

親は子どもに対して、「自分は子どもより上の者」「子どもを教え導く立場」と、思っていることが多いようです。そう考えてばかりいると、「下位の者」である子どもに対して、自分の素直な気持ち（ホンネ）を、ストレートには出しにくいものです。一種の〝てれ〟のようなものが、素直な気持ちの表現をじゃましてしまいます。

本当は自分の悩み、いやなことなのに、相手（子ども）のためだ、のようないい方になるのです。

たとえば、母親が風邪気味で、熱があり、頭痛に悩まされているとき、夜遅くなっても、子どもたちがテレビをつけっ放しにし、騒いでいれば、親はますます気分が悪くなり、頭がガンガンしてくるでしょう。そんなときに、

「テレビばっかり見ていてはダメよ。早く寝なさい！」

と、子どもをどなりつけても、母親の本当の気持ちは、子どもには伝わりません。子どもは、「またママが怒ってる」「いつも命令ばっかりするんだから……」などと、考えることでしょう。たとえ、いったとおりにテレビを消してくれたとしても、子どもはいやいやながらそうするだけです。

●「あなたメッセージ」では？

このような、自分の気持ちを素直に出さないいい方には、共通点があります。それは、すべて「あなた」という、相手である子どもについて話していることです。

「（あなたは）テレビばっかり見ていてはダメよ。（あなたは）早く寝なさい！」

本当は自分がいやなのに、相手の行動をとがめ、制限し、規制する――「あなたメッセージ」なのです。このようないい方では、親のホンネを子どもにわからせようとしても、無理な話なのです。ホンネを表わす「わたしメッセージ」で語りかけてこそ、子どもは親の本心を感じることが可能になるのです。

風邪をひいている母親の例でいえば、たとえば、

「おかあさんは、風邪で熱があって、頭も痛いし、早く静かにして寝たいの。それなのにテレビがうるさくて、君たちが騒いでいるので、ますます頭がガンガンし、イライラして、気分が悪くなるの」

というようないい方が、「わたしメッセージ」です。このようにいえば、子どもに親の気持ちが伝わります。

そうか、おかあさんは風邪で、頭が痛いんだ。テレビやボクたちの声がうるさくて、ま

すます頭が痛くなるんだ。おかあさん、かわいそう——という気持ちになって、自分からテレビを消し、子ども部屋で静かにしてくれます。「あなたメッセージ」で強制した場合と、正反対の効果があるのです。

「わたしメッセージ」の基本は、三つの部分からできています。

⑴子どもの問題行動を、非難がましくなく、

⑵その行動によって、親が受ける影響を具体的に、

⑶そして、その影響によって、親が感じる感情を正直に、

伝えることです。この三つの部分を組み合わせることで、親が何を考え、どのように感じているかを子どもに効果的に伝えることができるのです。

日本には、「以心伝心」のようなことばがあり、「ことばで表わさなくても、誠意さえあれば気持ちは伝わる」と、つい思いがちです。しかし、本当の気持ちを正しく伝えるには、ことばではっきり話すのが、もっとも効果があることを、忘れてはならないと思います。

4　親子が対等な立場で解決策を見出す——勝負なし法

親と子は、別々の人間です。親には親の、子どもには子どもの、それぞれの感じ方、考え方、立場があって、すべて同じなどということはありえません。別人であれば、対立することがあるのも、当然です。

子どものほうが問題をかかえているときは、親が「能動的な聞き方」をするのが有効です。親が悩んでいるのであれば、「わたしメッセージ」を使うべきです。でも、親子が対立している状態は、そのどちらとも違います。親も子どもも、両方が問題を起こしているのですから、この二つの方法では、問題は解決できません。かといって、対立している事実に目をそむけたり、無理に避けようとするのも、よくありません。

「意見が違ったことなんか、ないんですよ」

という人もいます。それがよい親子関係の、証《あかし》であるかのように。本当でしょうか。実は対立に気づかなかったり、無意識のうちに一方が譲っていたりしているのではないでしょうか。もしそうなら、問題を先送りにしているわけで、将来、もっと大きな決定的な対立に〝発展〟する恐れさえ、あるのです。

「対立は、人間関係の真実の瞬間だ」と、『親業』を書いたトマス・ゴードン博士もいっています。対立をいかに処理するかで、親子関係の絆《きずな》がいっそう強くなることもあれば、逆に心の傷をあとまで残すような可能性も、あるのです。

対立をなくそうとするより、いかに解決するかが、重要なことなのです。

対立を解決するには、次の四つの型が考えられます。
(1)勝者型　親がいいと思う形で、問題を解決する。親が勝ち、子どもが負ける。
(2)敗者型　子どもの欲求不満や、対立がひどくなるのを避けて、親が子どもに勝ちを譲る。
(3)動揺型　親に確信がなくて、ときと場合に応じて、勝者型と敗者型の間をゆれ動く。
(4)勝負なし型　どちらか片方が、勝つか負けるかするのではなく、「お互いのためにもっともいい解決策」をさがそうとする。
もう読者のみなさんは、おわかりと思います。そう、「勝負なし法」がもっともいい方法です。これが『親業』の、第三の柱になります。

●親は四つのタイプにわかれる

本書の中にも、「勝負なし法」が出てきます。その一つ、「テレビ見る回数、守れるかな」（127ページ参照）を例に、ほかの三つの型で対立を解決しようとすると、どういうことになるか、考えてみましょう。

母親は、子どもたちがテレビを見る時間の、ケジメをつけてほしい、と思っています。子ども、特に二男の道則君は、好きなテレビを見たいと思っています。

この母親が勝者型なら、子どもがテレビを見る時間を、一方的に決めるなど、自分の考えを子どもに押しつけます。さらに、「たいくつならお手伝いしなさい」と、強制するでしょう。道則君は、欲求不満になり、母親をうらんだでしょう。

もし母親が、本書の例と同じ解決策を考え、子どもに押しつけたとすれば、内容としては最善策になります。しかしそれでも、子どもは「押しつけられた。自分の気持ちがわかってもらえない」と思ったでしょう。それにそもそも、勝者型の親が、道則君に、一つよけいにテレビを見てもいいなどと、提案することは考えられません。

母親が敗者型なら、子どもたちのいうとおりに、テレビ番組を、勝手に見せてしまうことになります。子どもたちは満足するでしょうが、母親の気持ちは、まったく無視されます。そんな母親が、いい気分になれるはずがありません。わがままな子どもたちを、うらんでしまいます。

動揺型の母親は、ときと場合に応じて、勝者型か敗者型になりますから、この二つの場合のどちらかにあてはまります。これら三つの型の解決法は、このように親か子のどちらかに、悪感情を押しつけることになるわけです。

「勝負なし法」で大切なのは、親と子が平等の立場で、民主的に話し合うことです。親はとかく、自分は上位者と考え、「親の権威」を持ち出したがります。特に、まだ幼児、園児、小学生くらいの子どもには、そのような考えから、「勝者型」になりがちです。

子どもと私は別の人間だ。人間対人間という〝平等な立場〟で話し合おう。お互いの気持ちをぶつけあって、その中からお互いに納得できる解決策をさがそう――このことをいつも心がけていなければ、「勝負なし法」は実現できません。

▼勝者型の親から育つ子どもの反応

①反抗②うらみ③報復④嘘をつく⑤非難・告げ口する⑥弱い者いじめ⑦負けず嫌いになる⑧親への対抗組織を作る⑨従順⑩ご機嫌とり⑪同調、新しいことをやるのを恐れる⑫想像の世界に逃げる

▼敗者型の親から育つ子どもの反応
①他人の気持ちを尊重しない②乱暴③注意を聞かない④始末が悪い⑤衝動的⑥自分の行動に対する内的規制欠如⑦利己的⑧自己中心的⑨わがまま⑩親の愛情に対する不安
▼動揺型の親から育つ子どもの反応
ときと場合により、勝者型あるいは敗者型
▼勝負なし型の親から育つ子どもの反応
①親に信頼される安心感②親への信頼感③自分で考える力・判断力が養われる④相手の気持ちを理解、思いやる⑤責任感⑥自信⑦自己規律・内的規制⑧対立を恐れない⑨柔軟性

5　解決方法が見つからないとき

「能動的な聞き方」「わたしメッセージ」「勝負なし法」を上手に使えば、子どもの問題や

親の問題のたいていは解決します。しかし、お互いの価値観がまったく違い、「勝負なし法」でも解決できないことは、あります。

たとえば、墨絵の好きな父親が、油絵の好きな子どもに、墨絵のよさを教えようとして対立した場合、いくら勝負なしとはいっても、「それでは二人で水彩画を一番いいと思おう」というわけにはいかないのです。

たとえば、娘さんが髪を長くしたままなのが、気にいらないおかあさんがいたとします。なぜいやなのかを、「わたしメッセージ」で、子どもに訴えることはできます。

「おかあさんは、あなたの髪が長いと困るの。特に朝の忙しいときに、髪の手入れをしなければならないし、おかあさんがのんびりお風呂に入りたいと思っていても、洗髪してあげなければならないしね。それに、ほこりがいっぱいついたりして、不潔にならないかと心配で、気になってしかたがないの」

娘さんの側に、特に髪をのばす理由がなければ、娘さんは聞いてくれるでしょう。しかし、娘さんの側に、「自分は長髪が一番似合っている」という、確固たる価値観があったらどうでしょうか。そんな子なら、自分で髪をきちんと手入れもするだろうし、洗髪も苦にならずにやるでしょう。それなのに母親が「わたしメッセージ」をおくると……。

母「髪の毛が長いと、ほこりがたくさんついて、おかあさんは洗髪も大変だし、朝の忙しいときに、手入れをしなければならないから、大変なの。食事や運動のときも、じゃまになるだろうって、いつも心配していて、おかあさんは疲れるの」

娘「いやだよ。手入れや洗髪は、自分できちんとするようにするし、運動や食事のときは、ちゃんとゴムでしばるようにするよ。おかあさんの髪じゃないんだから、どうだっていいでしょ！　私はこの髪型が、一番気にいってるんだから」

こうなると、「わたしメッセージ」のぶつかりあいで、放っておけば親子ゲンカです。

このような場合には、決して解決をあせってはいけません。もちろん、親の価値観を強制的に子どもに押しつけたりしては、なりません。押しつければ、「勝者型」の解決でしかありませんから。こんなときは、親の価値観が子どもに影響を与えるように、日常的に努力するのが、精いっぱいのできること、と考えましょう。

たとえば、親がモデルになることです。親が自分の価値観を、日常生活で体現することです。子どもは、親のいうこと以上に、「やること」を見ています。

親が煙草を吸いながら、「煙草は身体に悪いから吸ってはダメよ」といって、子どもは納得するでしょうか。あるいは「髪の毛」の話でいえば、母親もまた長髪であれば、同じくまったく説得力がありません。

●親は子どものコンサルタント

また、親の考えや知識・経験を分かち与える——子どものコンサルタントになるのも、有効です。これには三つのコツがあります。

(1)自分の考えをよくまとめ、場合によっては必要なデータ・情報を集め、子どもが理解できるように親が話す。
(2)一度きちんといったら、同じことを何度もくり返さない。
(3)子どもが親のいうことを聞き入れるかどうかは、子どもにまかせる。

また逆に、親自身の価値観、考え方を再検討することも必要です。子どもに対して、自分の考えが唯一絶対だと、親のほうが信じこんではいないでしょうか。

たとえば、「髪の毛」の例では、母親は長髪はじゃまで、汚れやすくて、手入れが大変だと思いこんでいました。しかし、本人が手入れを苦にせず自分でやり、じゃまになりそうなときは、ゆわえるなりして、しかも母親とまったく違う、「長髪はかわいい」という価値観を持っているのなら、特に問題がない限り、子どもの長髪にこだわる自分の考えを、再検討したほうがうまくいくはずです。ちょっと子どもの気持ちになり、子どもが何を大切に思っているのか、を考えてみることです。

私たち親だって、かつては子どもだったのです。子どもには子どもだけにわかる、独自の世界や価値観があったはずです（本書の第7章「知って意外な子どもの世界」を参照）。ときどきは、そんな昔を思い出して、子どもが何を考えているのか、大人から見ればつまらないものでも、どんなに宝物のように大切にしているのか、子どもの心を思いやってみませんか。

親業訓練講座のご案内

本書の内容を身につけるために、ロールプレイなどを通して体験学習をする実践的な講座です。

講座時間　全24時間（基本は週１回３時間×８回）

受講場所　講座は全国各地で行われています。

講座の内容

1．親も人の子、神さまではない——親にも自分の気持ちがある
2．親になんて話せないか——心の扉を開くことば
3．子どもの心を知るために——「能動的な聞き方」
4．子どもが受け入れる親の話し方——「わたしメッセージ」で感情表現を
5．子どもはいい環境にいますか——改善の余地はありませんか
6．さけられない親子の対立——親子のどちらが勝つべきか
7．対立を解くために「勝負なし法」——新しい親子関係の創造
8．親業をクビにならないために——親は子どものコンサルタント

費　用　受講料（８回）３万円　＊消費税別　入会金が別途必要です。

——親業訓練協会には、他に下記の講座があります。——

「教師学講座」——教師と生徒の心の絆づくりに

「自己実現のための人間関係講座（ETW）」
——相手も自分も生かす関係づくり

「看護ふれあい学講座」——介護や看護をする人とされる人との間にあたたかい人間関係を築く

＊「看護ふれあい学講座」を修了した方々は「ふれあいコミュニケーション・リーダー」の資格が取得できます。

〈講演・講座についてのお問い合わせ〉

親業訓練協会
東京都渋谷区渋谷2-22-8　名取ビル9F（〒150-0002）
Tel.03-3409-8355
ホームページアドレス　http://www.oyagyo.or.jp/

親業関連図書

『親業（PET）』トマス・ゴードン著（大和書房）
『親に何ができるか「親業」』トマス・ゴードン著（三笠書房）
『子どもに愛が伝わっていますか』近藤千恵著（三笠書房）
*『「親業」に学ぶ子どもとの接し方』近藤千恵著（企画室）
『親の心がしっかり伝わっていますか』近藤千恵著（三笠書房・知的生きかた文庫）
*『子育ての新しい世界「親業」』親業訓練協会編（企画室）
「親業ケースブック」シリーズ（大和書房）
1『幼児 園児編』　2『小学生編』　3『中高生編』
（3は2000年5月に刊行予定）
『女性のための人間関係講座（ETW）』リンダ・アダムス、エリーナ・レンズ著（大和書房）
『人間関係を育てるものの言い方』近藤千恵著（大和書房）
『介護者のための人間関係講座』近藤千恵著（あさま童風社）
『教師学（TET）』トマス・ゴードン著（小学館）
*『教師学――心の絆をつくる教育』近藤千恵著(親業訓練協会刊)
『自立心を育てるしつけ』トマス・ゴードン著（小学館）
『「大切な人」と本音でつきあってますか』(三笠書房・知的生きかた文庫)
*親業訓練ミニレクチャーシリーズ（小冊子・親業訓練協会刊）
1『親子手帖』　2『教師学手帖』　3『保育手帖』
4『看護手帖』　5『家庭手帖』

*印の図書は書店では取り扱っておりません。
親業訓練協会事務局へお問い合わせください。

近藤千恵（こんどう・ちえ） 親業訓練協会理事長

1945年広島市に生まれる。国際基督教大学卒業（心理学専修）。同時通訳者として活躍するかたわら、1974〜75年、アメリカ・カリフォルニア州パサディナ市のＥＴＩ本部で親業インストラクターの資格を取得。1980年親業訓練協会設立。現在は、インストラクターの養成、講演、執筆等で活躍中。二児の母。岩手大学講師。亜細亜大学講師。

主な著書に『人間関係を育てるものの言い方』（大和書房）、『子どもに愛が伝わっていますか』（三笠書房）、『「親業」に学ぶ子どもとの接し方』（企画室）、『介護者のための人間関係講座』（あさま童風社）。

訳書に、『親業』『ゴードン博士の人間関係をよくする本』『女性のための自己実現講座』（大和書房）、『自立心を育てるしつけ』『教師学』（小学館）、共訳書に『親に何ができるか「親業」』（三笠書房）などがある。

「親業《おやぎょう》」ケースブック・幼児《ようじ》 園児編《えんじへん》

2000年２月28日　第１刷発行
2008年６月15日　第５刷発行

監修者　近藤千恵《こんどうちえ》
発行者　南　　暁
発行所　大和《だいわ》書房
〒112-0014　東京都文京区関口1-33-4
電話　03(3203)4511
振替　00160-9-64227

印刷　厚徳社
製本　小泉製本

装丁　重原 隆
イラスト　かわあい きよし

ISBN978-4-479-01123-1
http://www.daiwashobo.co.jp